LüYIN
QIPA GUSHI

绿茵奇葩故事

足球场上那些你没听说过的事

羽 则 著

人民东方出版传媒

东方出版社

图书在版编目（CIP）数据

绿茵奇葩故事：足球场上那些你没听说过的事 / 羽则 著 . – 北京：东方出版社，2023.11

ISBN 978-7-5207-3034-1

I. ①绿…　II. ①周…　III. ①足球运动－通俗读物　IV. ① G843－49

中国版本图书馆 CIP 数据核字（2022）第 200607 号

绿茵奇葩故事——足球场上那些你没听说过的事
（LÜYIN QIPA GUSHI）

作　　　者：羽　则

策划编辑：曹　歌

责任编辑：曹　歌

责任校对：白　玥

封面设计：胡欣欣

出　　版：东方出版社

发　　行：人民东方出版传媒有限公司

地　　址：北京市东城区朝阳门内大街 166 号

邮政编码：100706

印　　刷：北京新华印刷有限公司

版　　次：2023 年 11 月第 1 版

印　　次：2023 年 11 月北京第 1 次印刷

开　　本：710 毫米 × 1000 毫米　1/16

印　　张：12.25

字　　数：126 千字

书　　号：ISBN 978-7-5207-3034-1

定　　价：60.00 元

发行电话：（010）64258117　64258115　64258112

目　录

二、那些比小说还离奇的现实

三、光鲜之外,球星们的另外一面

前　言

　　说起来可能没人相信，我写足球圈这些奇葩事儿的起因居然是为了辟谣。

　　没错，足球圈很大，网络世界更大，之间的夹缝容纳了太多模糊正误的空间。那个车马信件都很慢的过去，国内出现一些外国名人的奇闻轶事，无人能证其真伪。这个资讯高度发达的现在，许多最初为了逗乐的段子如野火蔓延，传着传着就有人当真。

　　我时常会在自己的文章或者社交媒体里发发辟谣，部分内容当时还在球迷群体里传播得挺广，但仍然远远不及谣言增长的速度。于是，过段时间我又会在一些地方看见很多人把谣言翻出来，讨论得热火朝天。而零星球迷拿着我的文章去辟谣，却很快在热闹的刷梗大军面前瓦解冰消。

　　每当那时，我都有种深深的无力和无奈。

　　无力的是，不管拿出多少证据，锤得多么板上钉钉，都打不破

"谣言一张嘴，辟谣跑断腿"的铁律。

无奈的是，足球的历史如此悠久，开展的范围如此宽广，明明有更好玩、更曲折、更不可思议的故事啊，不比那些明显有逻辑漏洞的谣言强多了？

大概就是那一刻，灵感的灯泡突然在我的脑海里闪亮了。对啊，我为什么不去写点既真实又好玩的足球故事呢？读的时候有趣，茶余饭后聊起来更是一份真正的谈资。

说写就写。我一下子就从脑海里整理出了以前看过的一些新闻报道，当时就觉得不可思议，后来通过多方佐证和本人亲自解释得到证实，更让我感叹世界之大，无奇不有。

拉什福德并没有真的说过"我踢完比赛还要赶场考试"，但真有人因为参加学校考试放弃了参加世界杯，还让顶替他的人拿到了那届金靴；

布冯并没有真的"站在门前无事可做去打 PSP"，但真有一代传奇门神因为全队实力太强，闲到去数看台有多少旗子，还去扑场边的鸭子；

荷兰三棍客并没有真的在更衣室"棍棒齐飞打作一团"，但真有同队队友踢着踢着互相埋怨，怨着怨着拳脚相加，然后双双红牌被罚出场；

......

在整理的过程中，我又经常想起别的故事，或者看见新的传说。接着写作范围越扩越大，好玩儿的事情越来越多。

足球规则这些年不断进化，现在的球迷如何想象倒钩曾经是一种犯规？

用一个谎言去圆另一个谎言，居然有球星因为这种游戏断绝了自己的国家队之路？

球员合同里有着各式条款，可为什么会有俱乐部特地要求加上一条"禁止离开地球"？

这个发现的过程，真的是太愉快了。而在我边写边愉快的同时，得到了不少球迷的正面反馈，这更是一名写作者最快乐的事情。

慢慢的，一则则小故事汇集成江河。渐渐的，有更多人关注到了我的自娱自乐。当这个系列有机会做成纸质书出现在大家面前时，我几乎立刻表示了同意。

感谢人民出版社曹歌老师的不离不弃，等待我慢慢把这么多故事收集考证完，写出来，再一起熬过因为疫情断了又断的出版流程。

感谢每一位读者这些年的每一次催更，还有在我说了要出书之后的连环追问。少了任何一次催促，我的"懒癌"可能都会发作，你们就看不到现在这些文字了。

但现在，你们看见了，这本书也真的出版了。希望你们会喜欢里面这些光怪陆离却真实发生过的故事，希望你们和我一样喜欢。

谢谢大家，诚心诚意感谢每一位读者。

羽　则

2023 年 4 月

一、足球历史里的沧海遗珠

拒罚点球的无敌业余队

巾帼不让须眉的女足先驱

输球带来的新发明

倒钩曾经也是种犯规

世界杯和大学考试，你选哪一个？

阿森纳主场叫白鹿巷

一场比赛，让德国球王逃离劳改营

一个乌龙带来的蝴蝶效应

智利门神的"自残假摔"

时长两小时、每队 500 人的德比战

警犬咬大腿，球队神保级

拒罚点球的无敌业余队

　　如果告诉你有一支业余球队曾经以 11∶3 赢过曼联、秒杀各路足总杯冠军和联赛冠军、很可能是皇马白色战袍的灵感来源，你是不是会觉得我在写小说？如果再告诉你这支球队因为"绅士精神"拒绝罚任何点球，还会在对手少一人时主动减员保持平衡呢？

　　你是不是想大喊一声：天哪，这还是个魔幻小说？

　　然而历史上当真有过这么一支球队，名字叫作科林蒂安。不，我说的不是巴西那个人人都知道的科林蒂安，而是 1882 年到 1939 年间存在于英格兰足坛的一支业余球队，也是"科林蒂安"这个名字在足球界的最初起源。

　　这支球队的诞生过程其实就很神奇。1882 年，苏格兰和英格兰连续踢了三场友谊赛，比分分别是 5∶1、6∶1 和 5∶4。可怜的"三喵"被邻居如此羞辱，作为现代足球诞生地的面子实在是有点挂不住。

英足总某个叫莱恩·杰克逊的副部长绞尽脑汁，总结出了深刻的教训："苏格兰大多数球员都在女王公园俱乐部踢球，这朝夕相处的默契，哪是咱们临时拼凑的阵容能比的？"于是，他在伦敦开始筹备一个计划：让最好的英格兰球员都在一个俱乐部踢球。简单地说，类似于100多年后的——"国家队打联赛"。

这个计划的产物，就是开头提到的科林蒂安。虽然这种天马行空的想法在如今职业竞技的世界里没啥可行性，但在当时那个踢球都是业余活动的年代，效果就大大不同了。许许多多优秀的球员被杰克逊的想法打动，纷纷加盟了他新建的这支球队。

科林蒂安 1896—1897 赛季的全家福

然后，科林蒂安真的就变成了英格兰足坛的巨无霸。

1884 年，布莱克本赢得了足总杯的冠军，没过多久和科林蒂安切磋了一下，输了个 1∶8；

1903 年，贝里在足总杯决赛刚刚以 6∶0 大胜了德比郡，几天之后又和科林蒂安较量了一番，以 3∶10 惨败；

1904 年，啥冠军也不是的曼联勇敢地向地狱难度发起了挑战，3∶11 的结果至今仍是他们队史的最大比分失利……

不仅如此，科林蒂安也真的为三狮军团贡献了足够的力量。在这家俱乐部存在的 57 年里，先后走出了 86 位英格兰国脚和 16 位英格兰队长，这两项目前仍然是英格兰俱乐部的最高纪录。知道英媒为什么统计贡献国脚数量都会加个类似"1950 年以后"的定语吗？因为这个上古纪录估计要再过几十年才会被曼联打破。更牛的是，英格兰在 1894 年和 1895 年两次与威尔士交手，出场的 11 名球员全部来自科林蒂安。杰克逊一统国家队的梦想，居然真的成了现实！

看到这里，你可能会想："不对吧？这队被羽则吹得天上有地下无，为什么从来没听说过？翻遍英格兰各种赛事的冠军名单，也从来没找到过科林蒂安这个名字啊？"

原因在于，这支球队有着两个如今看来非常奇葩的宗旨。

第一，他们不要冠军。是的，你没有看错，当年英格兰足坛曾经因为业余化和职业化的分歧闹得不可开交，科林蒂安就是业余足球最坚定的捍卫者。他们坚信，足球只是也必须是人们丰富生活的娱乐和享受，不应该是一种非得决出冠军的竞争。

因此，科林蒂安拒绝参加足总杯和联赛，专找各路豪强打打友谊赛，顺便把他们都虐成菜。虐完之后，还留下一句"冠军无所谓，大家开心就好"。其结果便是科林蒂安建队多年之后，荣誉榜上有且仅有一个冠军，那就是 1900 年的伦敦警长慈善盾。这是一项伦敦警察局主办的职业队 VS 业余队邀请赛，所有收入都会捐赠给需要帮助的医院。"扫地僧"为了慈善目的破了回戒，以 2：1 击败了当年的英格兰顶级联赛冠军阿斯顿维拉，然后把奖杯扫进了垃圾堆。

第二，他们秉承"绅士精神"，坚信"人性本善"。这家俱乐部的信仰是：没有人会带着恶意来踢球，没有球员会恶意犯规，所有热爱足球的人都是真正的绅士。更可贵的是，无论对手像不像他们想的这么纯粹，科林蒂安球员都会坚守自己的信仰。

于是，这支球队的很多行为，在今天看来颇为荒诞，却尤为可敬。

——当年比赛没有换人，有人受伤无法坚持就会自减一人。当年也没有红黄牌，但严重犯规仍然会被裁判罚出场。而在任何对手因为受伤或者判罚离场时，科林蒂安都会主动减员，来维持场上的人数平衡。

——如果本方被判罚点球，门将会站在立柱边不做任何扑救，随便对方是进还是不进；如果本方获得点球，那么他们的队长会站上罚球点，然后故意把球踢飞。这是因为在科林蒂安看来，点球是一种过于残忍的"非绅士行为"。

——无论裁判做出怎样的吹罚，科林蒂安的球员都不会做任何的争论，只会报以微笑。用杰克逊在自传里的话来说："足球运动员必须学会控制愤怒，远离所有的阴谋诡计，哪怕失望之余都要保持微笑。"

用今天的话来说，他们简直就是一群无可救药的理想主义者。而这群理想主义者，也很快感受到了现实的残酷。英格兰足球全面走向职业化之后，英足总禁止科林蒂安、牛津大学、剑桥大学等宣誓效忠业余足球的球队参加由足总组织的任何比赛，包括和职业队的友谊赛。于是他们只能开始海外巡演，从英格兰的"冠军终结者"转型成了世界足球的"传道授业者"。

科林蒂安从德国、西班牙、瑞典走到南非，再从加拿大、美国、牙买加走到巴西，通过一场场比赛和出众的人格魅力在全球播下了足球的种子。

——关于皇马为什么身穿白色战袍，西班牙和英格兰流传最广的说法是：为了向造访西班牙的科林蒂安致敬。马德里俱乐部初创时的管理层被科林蒂安公平竞赛的绅士精神所折服，从而选择了一身白衣。1925年，皇马甚至把球衣完全改成了科林蒂安的白衣黑裤，但因为随即连续两场输给巴塞罗那触了霉头，然后又改回了全白战袍。

——他们来到巴西踢了几场比赛，10∶1赢了弗卢米嫩塞、8∶1赢了里约热内卢、8∶2赢了圣保罗。五个铁路工人被这支英格兰业余球队的强大和风度所折服，创建了一家新的巴西俱乐部，也就是我们今天熟悉的科林蒂安。此外，马耳他也有一家俱乐部叫作科林蒂安，同样是为了向当年来访的那支英格兰球队致敬。

——1904 年科林蒂安把足球的火种带到了瑞典，两年后这个国家诞生了第一个全国性足球赛事，名字就叫作"科林蒂安杯"。

那么，原来的那支科林蒂安最后怎么样了呢？就像很多理想主义者一样，他们并没有敌过足球职业化的历史浪潮。很多球员都被职业队挖走，球队实力也被后者反超，甚至差距越拉越大。1923年，他们终于打破戒律参加了足总杯，但此时已经不再是强队。1939 年，他们和休闲队合并，组成了新的科林蒂安—休闲队。虽然"只踢业余足球"的宗旨还在，但那些"过时"的绅士精神却彻底成为历史。

理想主义的荣光已如烟火般消散，但"科林蒂安精神"已经成为"公平竞赛"的同义词之一，至今仍然不断被欧洲媒体提及。

愿这份荣光，能长留所有足球爱好者的心中。

巾帼不让须眉的女足先驱

提到女足先驱，你会想起谁？是咱们铿锵玫瑰的杰出代表孙雯，还是六次拿下世界足球小姐的巴西传奇玛塔？其实，百年前英格兰足坛就已经诞生了第一位女足历史上的传奇先驱：莉莉·帕尔。

1905 年莉莉出生于英格兰西北部的圣海伦斯，当时这里还是英国一座比较重要的工业城市。在这座城市，女孩子一般有两种出路：有钱人家的读读书浇浇花，以后嫁给门当户对的如意郎君；穷人家的学好缝纫和烹饪，十三四岁开始去大大小小的工厂打工。

像很多励志故事的主角一样，咱们这位莉莉既不喜欢读书也不喜欢女红。在几个哥哥的影响之下，她从小只有一个爱好：踢足球。可问题是，那个年代英足总实行限薪令，男足球队员的封顶工资还没有矿工多，一个女孩子家踢球能有什么前途？于是莉莉的父母看着她从荒地踢到圣海伦斯刚刚成立的女子业余足球队，心里时而骄傲时而发愁。

然而就在 1919 年，突然有一个"球探"登门拜访，开出了一个让家庭所有成员完全无法理解的价码：让莉莉来迪克—科尔公司上班吧，除了工资之外每踢一场比赛再拿 10 先令（半个英镑）的补贴。两者相加，收入比她任何一个哥哥都要高。当时，她只有 14 岁。

这究竟是怎么回事？

还是让我们先来认识一下迪克—科尔公司吧！这是一家坐落于普雷斯顿的著名重工企业，主要生产火车和有轨电车，在第一次世界大战期间也为英军制造车辆和弹药。1917 年，一位名叫阿尔弗雷德·弗兰克兰德的中层干部为了激励战时工厂的士气，想出了这么个主意：让女工在午餐和下午茶休息时来几场足球比赛。

第一场比赛，超过 1000 名员工凑热闹前来观战。第二场比赛，围观群体进一步扩大到周边其他工厂。第三场比赛，选出"女工明星队"和工厂的男足跨界较量，结果女工队居然赢了……弗兰克兰德一拍大腿："这事有搞头啊！"

迪克—科尔女足联赛，由此正式成立。

而前面提到去莉莉家敲门的那个"球探"，其实就是弗兰克兰德。他带领着迪克—科尔女足明星队去圣海伦斯踢了场表演赛，发现对面的 14 岁女孩简直是天赋异禀，赛后就亲自上门把她挖了过来。来到迪克—科尔女足联赛之后，莉莉·帕尔的足球天赋开始腾飞。她在当时主流的 235 阵型里踢的是左边锋，但最大的特点是射门力量大且角度刁。首秀赛季她就打入了 34 个进球，成为最炙手可热的明星。

而在她的第二个赛季，也就是 1920—1921 赛季，迪克—科尔女足联赛和莉莉双双迎来了事业的最高峰。女足联赛逐渐打出了名声，每场比赛都会有 4000 名以上的观众站在场边。到了莉莉出场的比赛，围观群众甚至经常会超过 1 万人。

迪克—科尔明星队也开始前往全国各地巡回比赛，征战过的球场包括斯坦福桥、古迪逊公园和老特拉福德，对手有时是女足有时是男足。其中的代表作是以 9：1 击败了从其他各女足队里选出来的"英国明星队"，莉莉上演了五子登科。

1920—1921 赛季迪克—科尔女足某场比赛的首发球员合影

迪克—科尔明星队还代表英格兰与法国女足代表队进行了一系列世界上最早的国际女足赛事，其中一场在古迪逊公园的较量吸引了53000名观众，另一场5∶1的胜利里莉莉包揽了本队所有进球。

那个时候，她还不满16岁。

看上去，无论是莉莉·帕尔本人还是女足这项运动都坐上了火箭，即将迎来爆发式的发展。可为什么我们到最近一二十年才开始熟知女足呢？原因是当时出现了一个反派，一纸禁令封掉了英格兰所有的女足活动。

这个反派，名叫英足总。

英足总在1921年年底作出这一决定的理由如下：

第一，我们虽然感受到了广大群众的热烈需求，但经过组织研究决定，女性真的不适合这项运动；

第二，虽然目前女足运动都是以慈善为目的收取门票，但这部分收入还要先拿去给每位球员支付10先令的补贴，再加上什么车马费餐饮费，这就失去了慈善的初衷。

因此，英足总开始禁止女性参加任何正式的足球比赛，禁止向女足球员付工资、收观众门票钱等商业行为，同时禁止任何女足使用英足总旗下俱乐部的训练场和主场。

虽然失去了迈向职业化的所有希望，但莉莉·帕尔和她的队友们并没有放弃对足球的热爱。她们前往美国踢了9场比赛，对手有男足也有女足，其中部分男足球员后来还参加了1930年世界杯。而在这9场比赛里，迪克—科尔女足取得了3胜3平3负的成绩。

《华盛顿邮报》对于莉莉·帕尔的评价是："这绝对是世界上最好的女足运动员！"

回到英格兰之后，英国电气收购了迪克—科尔公司，并且解雇了所有的女足球员和管理者。莉莉通过护士培训后在一家医院找到了工作，弗兰克兰德开了间杂货店并且重新找回了部分球员，以"普雷斯顿女足"的新名字踢着不再被人关注的足球。但在媒体的零星新闻里，仍然不时能看到莉莉·帕尔的名字。

——莉莉的身高后来长到了 178cm，一直踢到了 46 岁。英国《卫报》说，她在 31 年的足球生涯里打入了超过 1000 个进球。不过在国际足联 2015 年的专题报道《莉莉·帕尔：开拓之星》里，进球数被认定为 900 个到 1000 个之间。

——有一位不愿意透露姓名的英格兰顶级联赛门将向媒体透露，他曾经在一场和普雷斯顿女足的跨性别非正式比赛前和队友打赌，自己绝对不会被莉莉攻破球门。结果那场比赛莉莉罚入了一粒点球，而且他在扑救时还因为射门力量过大造成了肩膀脱臼。

——莉莉后来经常酗酒，而且十分沉迷于未过滤高焦油的忍冬牌香烟，甚至要求单位直接拿这种香烟当工资发给她。此外，她还在某场比赛里因为和对手一言不合大打出手，成为有史以来在女足比赛里被裁判罚下的第一人。

——在医院工作期间，莉莉认识了自己的同性伴侣玛丽。两人随后一直生活在一起，没有像当时其他的同性恋者一样进行过隐瞒。

1971 年，英足总终于解除了长达 50 年的女足禁令，然而那时的莉莉已经 66 岁了。7 年之后，她因为乳腺癌离世，按照自己的遗愿被葬在了家乡圣海伦斯。

　　虽然没能取得本该拥有的成功，但莉莉·帕尔的名字已经被铭记在足球历史之中。2002 年，她成为第一个入选英足总名人堂的女性成员。2009 年，她穿过的战靴和真人比例的蜡像，以及迪克—科尔女足合影做成的纪念碑，都被收藏进了英格兰国家足球博物馆。

　　博物馆当时对这些收藏的介绍语如下："我们永远都不应该忘记这样一位如此热爱足球的伟大球员，更不用说她还是一位十分勇敢的开拓者。谢谢你为足球做的一切，莉莉·帕尔。"

输球带来的新发明

    作为一名球迷，没什么比兴冲冲去现场观战，结果却目睹主队输球更难受的事情了。万一回程的时候再发生点"人在囧途"的悲催事，那更是在伤口上多加了一把孜然。然而在 100 年前的英格兰，居然有一位铁杆球迷在如此窘境下点亮了自己的发明技能，从此在历史上留下了自己的名字。

    这位球迷，叫格莱斯顿·亚当斯。

    亚当斯是一位土生土长的纽卡斯尔人，从小就是纽卡斯尔联的铁杆球迷。1908 年 4 月，纽卡打入了足总杯的决赛，将与狼队争夺当时英格兰足坛的这项最高荣誉。在决赛当天，28 岁的亚当斯兴高采烈地开着刚刚添置的 Darracq-Charron 牌小汽车，前往比赛场地水晶宫公园看球。

    要知道，在那个年代家庭用小汽车还是个不折不扣的稀罕物

伦敦球迷当年就是这样去看阿森纳比赛的

件。普通民众压根买不起这种奢侈品，一般球迷去看球基本上只有
两种交通方式：走路或扒火车。

　　但亚当斯本身家庭条件还算不错，又在几年前开办了自己的摄
影工作室，一只脚已经踏入了精英阶层，迫不及待地想要炫个富。
所以当他开着汽车去看球时，一路上都享受着来自周围球迷半好奇
半羡慕的热情眼光。自信心和虚荣感爆棚的亚公子来到球场周边之
后，还特地找了家熟人开的商店，把自己的车停在店里最大的橱窗
前，让大家在前往球场的途中好好欣赏一番。

　　然而，就像很多炫富失败的经典案例一样，老天爷决定戏弄一

下这个过分膨胀的公子哥。

首先，在现场75000名观众的见证下，他的主队纽卡斯尔1∶3输给了狼队，错过了队史首次从国王手里接过足总杯的机会。其次，比赛中途风云突变开始下雪，赛后更是飞雪漫天。由于散场后到处都是失望慢行的纽卡球迷，亚当斯提完车后只能以龟速踏上回程的路。更惨的是，因为车速缓慢，雪花很快就盖满了他的挡风玻璃，导致亚当斯每开几分钟就得下车手动清理……

周遭的议论声从赛前的"快看那个土豪"，就这么变成了——"快看那个傻帽"。

好在，亚当斯并不是一个不学无术的纨绔子弟，而是一个虽然酷爱显摆但也算聪明机智的好青年。第N次下车清理积雪时，一道灵感的闪电击中了他的大脑：为什么不设计一个装置，让司机可以一边开车一边清理挡风玻璃呢？

手动雨刮器就这么诞生了。

亚当斯停下车拿出纸和笔，画下了这个新发明的设计草图。回家之后他立刻开始了方案完善和制作样品，最终在1911年成功申请到了发明专利。而巧合的是，英国政府给他颁发专利证书的当天，他的主队纽卡斯尔又一次闯入了足总杯的决赛。不过双喜并没有临门，纽卡斯尔以0∶1输给了布拉德福德城，又一次与足总杯擦肩而过。

更遗憾的是，亚当斯虽然拿到了雨刮器的专利，但他的产品却从来都没有上市销售过。不久之后第一次世界大战爆发，亚当斯凭借着自身过硬的拍照技术加入了英国皇家飞行队，在战争期间担任侦察摄影士官。第一次世界大战结束之后，他继续经营着自己的摄影工作室，还成为惠特利湾市议会的主席。后来到了第二次世界大战时，已经 60 岁的他加入了惠特利湾空军训练团，亲自培养了多位皇家空军的飞行员。

此外，亚当斯严格意义上也不是全世界最早发明雨刮器的人，美国的玛丽·安德森女士等人先后在不同国家做出了相同或类似的发明，并且各自申请到了当地的专利。德国的博世公司和美国的特雷科公司分别占领了欧美的雨刮器市场，也各自研发出了全自动雨刮器。几十年之后，美国一位大学教授罗伯特·卡恩斯发明了如今咱们汽车上必备的间歇式雨刮器，还和福特、克莱斯勒等大公司打了二十多年的专利官司，这段故事还被改编成了电影《天才闪光》。

那么话说回来，亚当斯当年发明的手动雨刮器到底为他带来了什么呢？虽然因为战争因素没能投产，但战后他却成功出售了这一产品在英国的专利权，获得的收益足以让他安心放弃了自己的摄影事业。

所以各位球迷们，下次看到主队输球别光顾着难受，不如找找有没有灵感从天而降吧！说不定，下个一夜暴富的发明家就是你哟！

倒钩曾经也是种犯规

2018 年，国际足联举行了可能是历史上争议最大的一届年度颁奖。很多奖项的得主都引发了大大小小的争议，比如年度最佳进球"普斯卡什奖"给了萨拉赫在默西塞德德比打入的一记兜射。

为什么这个结果会有所争议呢？因为萨拉赫虽然在 2017—2018 赛季真的打入了不少精彩的进球，但这个进球被评为年度最佳，真的是让人一言难尽。

第一，这个进球在当时那个月都没被英超官方选为月度最佳。第二，队友米尔纳在推特上是这么说的："恭喜萨拉赫，你凭借上赛季自己第 7 个精彩的进球拿到了这个奖，哈哈哈哈哈。"第三，萨拉赫自己上台领奖时都是摇着头笑得一脸蒙，然后说了句："感谢大家的投票，但其实我想要的是另外一个奖。"

你看，明明圈里圈外人士都对 C 罗和贝尔在欧冠比赛里的倒钩进球印象最深，可谁让这个奖最后阶段的评选采取了网络投票制呢……不过，C罗和贝尔也不用太难受，甚至还应该感到点小庆幸。首先，要是有个中国球员的进球在选项里，我敢保证他俩的票数加起来都看不到车尾灯；其次，他们要是早生个几十年，那两下压根就连进球都不是。

啥？倒钩不算进球？关于这一点，有请上古大神列奥尼达斯现身说法。

活跃于20世纪30年代的巴西球星列奥尼达斯因为技术精湛、动作敏捷，成为巴西足球的第一个全民偶像。喜爱他的球迷送给了他无数响亮的外号，其中有两个最为出名：一个叫黑钻，另一个叫橡皮人。黑钻是因为肤色，橡皮人就是因为他在那个年代比起其他球员实在是太灵活、太风骚、太BUG了。

具体有多风骚呢？

第一，他是最早使用"踩单车"过人技巧的球员之一。根据史料记载，列奥尼达斯1932年第一次在比赛里玩了把踩单车，吃瓜群众对于这个集观赏性和实用性于一身的动作如痴如醉，纷纷高呼亲眼所见了足球新技巧的诞生。不过列奥尼达斯后来接受采访时说，他是从其他球员那里偷师来的。但不管是原创还是转载，反正在文献资料里这是正式比赛里的首次亮相。

第二，在1938年世界杯巴西与波兰的比赛里，巴西球员传中到了禁区。这个头顶黑钻称号、吃了橡皮果实的家伙反身跳起，头朝向球门、身体与地面保持平行、右脚向上抬起后以垂直状态完成射门动作，皮球应声飞进了对方的大门。

现在的球迷可能很想吐槽，你这一连串复杂的描述是什么鬼，不就是个倒挂金钩吗？但在当时，所有人都在新鲜事物的诞生瞬间呆住了。这也行？这是杂技还是超能力？规则里没写怎么办？经验丰富的世界杯裁判思虑再三，毅然走向了"法无禁止即可为"的反面——这个动作太危险，进球被取消。

列奥尼达斯当年做出的"特殊动作"

就这样，世界杯历史上的第一个倒钩进球被判为犯规。在这场巴西以 6∶5 击败波兰的进球大战里，列奥尼达斯也把世界杯历史上首个上演"大四喜"的荣誉还给了对方的维利莫夫斯基。

后来，倒钩成为足球世界里一项合规的技术动作，这次判罚也被视为十分遗憾的"误判"。我们不妨做个假设，如果这种奇葩的判罚延续到今天，那么会发生什么呢？

当 C 罗在安联球场摆出这个 Pose 攻破布冯的球门时，得到的不是尤文球迷发自内心的掌声，而是裁判的一声哨响：犯规！抬脚过高！

当贝尔在欧冠决赛刚刚出场就 Cosplay 老大哥重新超出比分时，齐达内还来不及摸头惊叹，就会听到裁判的又一次哨响：犯规！进球不算！

所以嘛，还争什么普斯卡什奖，能算进球就已经是踩着前人肩膀的幸运了……

还是让我们说回列奥尼达斯。世界杯历史上第一个倒钩被吹掉还不是他足球生涯最大的遗憾，在那届还不允许换人的世界杯上，他被主教练安排在半决赛里轮休（另一说是养伤），而巴西遗憾地输给意大利没能进军决赛。虽然出场 4 次打入 7 球拿下金靴，但列奥尼达斯还是没能登顶成为真正的球王。没过多久第二次世界大战爆发，世界杯停办。

直到 20 年之后，靠着巴西第二个足球偶像的诞生，桑巴军团才在瑞典第一次拿到了世界杯的冠军。而这个横空出世的年轻人当时被誉为"列奥尼达斯二世"，后来被称为现代足球史上的第一个球王，名字叫埃德森·阿兰特斯·多·纳西门托。

什么，这名字压根就没听说过？那么，你一定听过这个年轻人的外号——贝利。

世界杯和大学考试，你选哪一个？

不知道还有多少曼联球迷记得下面这个新闻。

2016 年 2 月，拉什福德在与阿森纳的比赛里两射一传，帮助曼联赢下这场强强对话的同时闪亮出世。赛后，低调的拉师傅表示自己不会去喝一杯作为庆祝，因为"明天我还要去参加一场化学考试"。

很遗憾，这是个假新闻。虽然当时立刻得到了各国媒体的转发，但实际上这只是一个社交媒体上曼联球迷号编的段子。该账号后来转发并加上了"Bantz"（开玩笑）标签，并且还加了个后续："化学考试难吗？""难，我觉得击败阿森纳还要更容易一点。"

这世界太爱有趣的段子，没多少人在乎"无趣"的真实，辟谣的传播力永远和谣言差得十万八千里。直到今天，还是有很多球迷把这个段子当作真事。那么，真的会有人在考试和足球之间选择前者吗?

答案是:真有,而且放弃的还是世界杯的出场机会。

这个故事发生在 1930 年的首届世界杯上。那届杯赛里,阿根廷获得了亚军,队内的斯塔比尔以 8 个进球拿到了世界杯历史上的首个金靴奖。这些资料不难找到,但你知道斯塔比尔这个金靴奖背后还有个真实的奇葩故事吗?

其实,斯塔比尔当时虽然入选了阿根廷国家队,但在世界杯之前根本就没有得到过任何出场机会,只是个替补。要知道,足球比赛允许换人还是 30 多年之后的事,当年没有被排进首发就只能当个观众。

那届世界杯上,阿根廷首场比赛以 1:0 击败了法国,斯塔比尔就是看台上的观众。但在第二场比赛前,命运突然发生了一次戏剧性的转折。

首先,阿根廷队内的首席中锋是队长曼努埃尔·费雷拉,他还有另一个身份:法学专业的在读大学生。1930 年,正好读大四。更有意思的是,这边乌拉圭世界杯刚打完第一轮小组赛,他就得到了来自国内的消息:"你必须回来参加期末考试。"

费雷拉希望学校能网开一面,延期到他踢完世界杯再补考。但当年世界杯还是个新鲜玩意儿,足球也没那么大的影响力,这个理由被大学无情拒绝了。为了挽救自己来之不易的法学学位,费雷拉连夜从乌拉圭赶回阿根廷,就这样把自己的首发让了出来。

其次,当年世界足坛流行的是 235 阵型,前面顶着五个前锋,阿根廷也不例外。费雷拉弃世界杯转投考场怀抱之后，阿根廷在中锋位置上的第一顺位替补也不是1米68的小个子斯塔比尔，而是罗伯特·切罗。

然而，面对着这份突如其来的幸运，切罗的第一反应是紧张、害怕、怯场，以及……患上了焦虑症。无奈之下，斯塔比尔只能临时被顶上中锋位置，出战与墨西哥的第二轮小组赛。结果，阿根廷以6∶3击败墨西哥，斯塔比尔上演了国家队首秀，顺带还来了个帽子戏法。

这里插个题外话，两天前美国队球员帕特诺德也在与巴拉圭的比赛里上演了帽子戏法，但第二粒进球到底是不是乌龙，长期以来存在争议。因此斯塔比尔长期被国际足联认定为世界杯历史上的首次戴帽，直到2006年官方才把这项荣誉判给了帕特诺德。

但对于斯塔比尔来说，是不是首个戴帽并没有那么重要，因为好戏才刚刚开始。小组赛第三轮，阿根廷以3∶1击败智利，斯塔比尔梅开二度；半决赛以6∶1摧毁了美国，斯塔比尔再次梅开二度。此时，原本的首发中锋费雷拉同学已经参加完考试，又从阿根廷赶了回来。但没有人会再把状态爆棚的斯塔比尔丢在看台，于是他俩双双进入了首发。

与乌拉圭的那场决赛里，斯塔比尔在上半场打入了阿根廷的第二粒进球，帮助球队以2∶1领先对手。只可惜乌拉圭人在下半场回勇逆转，以3∶2捧走了世界杯历史上的第一个冠军，斯塔比尔则拿走了个人荣誉：4场8球，首个世界杯金靴奖。

有意思的是，斯塔比尔为阿根廷的出场记录有且仅有这四场比赛。世界杯声名鹊起之后，他和许许多多顶级南美球员一样前往欧洲淘金，先后加盟了热那亚、那不勒斯和巴黎红星，再也没有回阿根廷踢过球。因为当年不限制换国籍参赛，他后来还加入法国国家队踢了几场非正式比赛。

阿根廷传奇球员斯塔比尔

此外，斯塔比尔还在踢球之余开拓了第二事业，在热那亚和巴黎红星都兼任了球队教练。后来他回到祖国继续自己的教练事业，执教过圣洛伦佐和竞技这样的传统强队，还带领着阿根廷国家队在11年间拿到了5座美洲杯的冠军。最终，成为阿根廷足坛的第一位超级名宿。

还记得这一切的起源吗？如果费雷拉没有因为参加考试放弃世界杯的首发，就没有斯塔比尔的横空出世，阿根廷说不定也拿不到亚军的成绩。而费雷拉自己后来虽然也在河床踢过球，但始终没有得到前往欧洲的机会，历史地位远低于斯塔比尔。同时，他也没能在法律圈闯出什么名堂。

不知道多年之后，费雷拉会不会后悔当初的选择？

阿森纳主场叫白鹿巷

可能很多球迷看到这节标题的同时，内心就已经按捺不住吐槽的阵阵冲动："羽则你连白鹿巷是热刺的主场都不知道吗？这两队可是不共戴天的北伦敦死敌啊，枪手就算饿死、死外边、从酋长球场跳下去，也不可能借白鹿巷当什么主场！就你这水平还写书呢？"

读者为大，我只能在角落瑟瑟发抖边哭边说：可是在1945年，阿森纳还真在"主场"白鹿巷踢了全明星赛啊！

让我们先来回顾一下背景的大环境。那一年，全世界人民经过长期的艰苦抗争，终于摧毁了邪恶的纳粹政权。在德国宣布无条件投降的几个月之后，曾经在东西线分别奋战的两位盟友决定展开正式的民间交流活动，这两位盟友分别是西边的英国和东边的苏联。就像咱们和美国若干年后的"乒乓外交"一样，他俩首先看上的交流内容也是体育运动，而且还是两国群众基础都最雄厚的足球。

说起来，在那个到处是阴谋论和尔虞我诈的年代，促成这样的活动其实很不容易。

英足总：听说贵宝地的足球水平很高啊，能不能请你们的冠军莫斯科迪纳摩来我们这交流切磋一下呢？

苏联大使馆：不敢不敢，你们作为现代足球的发源地，水平才是真的优秀啊！能有这样的机会，我们自然要来拜个山头。不过我方也有些小小的要求，不知道能否通融一下？

英足总：但说无妨！

苏联大使馆：第一，我们的球员只在苏联大使馆吃饭，其他地方的饭局一概不接受（不给你们下毒的机会）；第二，为了公平起见，其中至少有一场比赛必须由我们苏联的裁判来执法（不给你们吹黑哨的机会）；第三，听说你们这的阿森纳实力强大并且战术领先，所以必须安排一场和阿森纳之间的比赛（不给你们找借口的机会）。

英足总：……

为了大局着想，英足总吐血三升后还是选择了接受。然后莫斯科迪纳摩升级了一下阵容，很快就踏上了前往伦敦的航班。等等，什么叫升级了一下阵容？

故事据说是这样的。这支球队在出发之前接受了斯大林和贝利亚的亲自接见，两位重要领导人向球队下达了这样的指示：你们作为社会主义的脸面，绝对不允许输给资本主义的球队。没有退路的莫斯科迪纳摩回去之后紧急联系了其他俱乐部，晓之以理、动之以

莫斯科迪纳摩造访英国后的首发 11 人合影

情，从兄弟感情谈到民族大义，最终成功地从中央陆军、列宁格勒等地"借"来了波布罗夫等明星球员，把自己 level up 成了一支"苏联明星联队"。

来到英国之后，他们首场比赛 3：3 战平了切尔西，斯坦福桥涌入了 8 万 5 千名好奇的伦敦球迷。次战 10：1 狂胜卡迪夫城，在英伦三岛进一步掀起了"东方狂热"。接下来，就是关键的东西阵营巅峰对决：阿森纳 VS 莫斯科迪纳摩。

作为苏联人点名切磋的对手，英足总和阿森纳俱乐部同样为这场比赛做足了充分的准备。

首先，当时伦敦城内很多球场都在战争期间遭到了轰炸，海布里的北看台就被炸塌了。于是每当有重要比赛的时候，阿森纳都不得不暂时借用附近的热刺主场白鹿巷。虽然热刺也很不情不愿，但在这次"全明星赛"的国家脸面面前，这点死敌矛盾显然是不会被纳入考虑范围的。

其次，既然对方搞了个"复仇者联盟"，那咱们也得组个"正义联盟"啊！斯托克城后来的金球奖首届得主斯坦利·马修斯、女王公园巡游者的天才门将哈里·布朗、布莱克浦的高产射手莫滕森等等……来来来，通通都给兵工厂安上！

就这样，名为阿森纳 VS 莫斯科迪纳摩，实为英格兰明星队 VS 苏联明星队的比赛，在阿森纳的"主场"白鹿巷打响了。你是不是以为下面的剧情走向会是火星撞地球、钢铁侠大战超人？NONONO，那场比赛真正的主角其实只有一个——老天爷。

比赛当天，伦敦出现了一场完全对得起"雾都"称号的漫天大雾，路上行人伸手不见五指，能见度据说在 5 米之内。而作为焦点战役舞台的白鹿巷，此番也没能幸免。

——球迷们纷纷表示，坐在看台上看到的除了雾就是雾，连谁在进攻都傻傻分不清楚。

——阿森纳球员乔治·德鲁里因为犯规被驱逐出场后，偷偷绕了一圈回到场上继续比赛，没人发现。

——苏联人特地带来的裁判拉特舍夫在双方 3∶3 战平的关键时刻，吹掉了阿森纳的一个进球，因为"好像"看见了此前有枪手球员犯规。

——在比赛临近结束时，"据说"苏联人派上了 13 名到 14 名球员，最终以 4∶3 的比分成功绝杀。

当年动不动就漫天大雾的伦敦

这场雾中比赛的是是非非众说纷纭，反正结果是莫斯科迪纳摩赢下了比赛。几天之后的第四场巡回较量，他们以 2：2 战平了苏格兰的格拉斯哥流浪者，以两胜两平的不败战绩风风光光地启程返乡，彻底告别了可能到来的西伯利亚挖煤命运。

至于那场白鹿巷之战的真相到底如何？各大英媒在此后的几十年间搜集了无数资料也采访了很多参加比赛的球员，可他们之间的证词千差万别到处都是矛盾，看起来根本就没人知道完整的真相……也罢，就让一切都消散在伦敦的大雾之中吧！

一场比赛，让德国球王逃离劳改营

　　本节的故事可能有些沉重，但剧情同样神奇。这次的主角名叫弗里茨·瓦尔特，一个现在的球迷提起"德国球王"往往会忽略的名字。但在 20 世纪 50 年代，他的的确确是德国足坛被视为球王的存在，也是德国国家队拿下首座世界杯冠军时的场上队长。

　　让我们先把时钟拨回 1920 年。那一年，小瓦尔特出生在了德国凯泽斯劳滕一个既普通又特殊的家庭。普通指的是父母双亲都不过是一家餐厅的员工，家境并不显赫。特殊指的是他父母工作的餐厅名叫——凯泽斯劳滕足球俱乐部队内餐厅。

　　童年的瓦尔特很快就和足球结下了不解之缘，6 岁来到父母的单位蹭球看，8 岁加入了凯泽斯劳滕的青训营，17 岁上演了一线队首秀。1939—1940 赛季，19 岁的他拿出了 15 场 30 球的疯狂表现，被德国主帅赫尔贝格选进了国家队。那时候的他是何等意气风发，国米、马竞、南锡和巴黎竞技等国外俱乐部都发来了高薪邀请，但都被瓦尔特一句"家就是家"直接回绝了。在他的心里，"择一城终老"才是真正想要的东西。

但这个愿望很快就被波及全人类的不可抗力打破了：第二次世界大战爆发。在这场史上最大规模的人间浩劫面前，谁都无法逃离被扭曲的人生，身为德国人的瓦尔特同样如此。虽然他是一个坚决拒行纳粹礼的反战主义者，但依然无法阻止和其他德国国脚一样被征调入伍的命运。爱徒心切的赫尔贝格动用了一切人际关系和能使用的特殊渠道，让这些代表德国足球希望的小伙子们尽量远离战火

当年被纳粹塑造成英雄的赫尔曼·格拉夫

之地。

瓦尔特先是被安排成为法国战区的一名陆军士兵，后来又被调去了撒丁岛、科西嘉岛等地，到了1943年突然被著名的德军王牌飞行员赫尔曼·格拉夫亲自要到了自己的空军中队。

这是怎么一回事呢？实际上，因为格拉夫太过有名而且此前在战斗中负过伤，高层认为他如果被击落会大大损伤德军的士气。于是他们给格拉夫下达了禁飞令，让他专心在后方培训新的飞行员。百无聊赖的格拉夫决定开始追逐自己人生的另一个梦想——踢足球。

其实格拉夫儿时的最初梦想就是成为德国国脚，但因为一次严重骨折断送了踢球前景，后来才转向了飞行员事业。退居战场二线的他重新燃起了足球之梦，突发奇想找来了赫尔贝格，两人经过亲切交谈后达成了一致：在德军内部组个国家队。格拉夫出面向高层要人，集齐了战前来自沙尔克04、奥格斯堡、科隆等队的各路职业球员，其中就包括本文主角瓦尔特。然后赫尔贝格当主帅，格拉夫亲自担任门将，"红色猎人"足球队闪亮登场。

之后的几年，无论战况发展得多么激烈，格拉夫都只顾带着他的"红色猎人"足球队在后方四处云游踢比赛。虽然他们被很多人蔑称为"格拉夫的马戏团"，但至少为德国足球保存了一些希望的火苗。然而全世界人民的正义铁拳很快击碎了纳粹的邪恶势力，格拉夫只能带领着自己的飞行员和球员们一起向美军投降。此后这些球员分别被关入了不同的战俘营，其中的一些人被转交给了苏联红军。

几个月之后，瓦尔特和他的弟弟被安排在了罗马尼亚和乌克兰边境附近的一个战俘营。而这个战俘营的战俘们基本上都将面临着一个非常残酷的命运：被送去西伯利亚的古拉格劳改营。

看起来命运之神这次彻底抛弃了瓦尔特，但实际上还是悄悄给他开了一扇窗。就在转交的几天之前，一些来自匈牙利和捷克斯洛伐克的看守突然燃起了想要踢球的念头，并且希望德军战俘里也凑出一支会踢球的球队。当时的瓦尔特其实已经因为长年的军旅和好几个月的因禁生活染上了疟疾，但身体虚弱的他仍然坚持参加了这场比赛。

参赛前，瓦尔特对着劝阻的狱友说道："足球就是我的生命。"而正是这次坚持，让他打开了人生的未来之窗。在那场比赛里，很多德军战俘和一些匈牙利看守认出了瓦尔特，惊讶于自己身边居然有着这么一个大名鼎鼎的顶级球星。这个消息很快传到了管理战俘营的军官们耳朵里，其中一些热爱足球的人开始觉得把瓦尔特送去古拉格会是一种极大的错误。

这个信息层层上报，最终来到了著名苏联元帅、时任驻德苏军总司令和苏占区最高军事行政长官朱可夫那里。朱可夫元帅听取了下属的汇报之后，大笔一挥改写了瓦尔特的命运。很难想象吧？朱可夫居然是德国足球的一大功臣。1945 年 10 月 28 日，瓦尔特和他的弟弟一起被苏军送回了凯泽斯劳滕。回到家乡的瓦尔特很快重回球场，从此在这片绿茵上尽情挥洒着自己的才华。

他再也没有离开过母队凯泽斯劳滕，和初恋女友结婚并且相依相伴度过了50多年的幸福婚姻，直至2002年先后离世，实现了"择一城终老，遇一人白首"的人生理想；

他为凯泽斯劳滕累计出场384次，打入了327个进球，虽然当年还没有全国范围的顶级联赛，但瓦尔特的表现被很多人视为德国足坛的"第一位球王"；

1954年瑞士世界杯，他作为西德队长和主教练赫尔贝格继续合作，带领球队拿到了德国足球历史上的第一座世界杯冠军奖杯。虽然史称"伯尔尼奇迹"的那场决赛背后有着绕不开的禁药争议，但当时这个冠军对于德国足球乃至整个社会都有着极其重大的促进

西德球迷赛后欢庆世界杯夺冠

意义；

因为多年被疟疾折磨的影响，他在晴天高温里很难发挥出全部实力，但在阴雨天简直是如鱼得水，由此德国足坛和凯泽斯劳滕当地曾经长期把阴雨天称为"弗里茨·瓦尔特天气"（比如1954年的世界杯决赛）；

他是德国国家队首位终生荣誉领袖，也是莱茵兰—普法尔茨州的首位荣誉居民，以及德国体育名人堂成员。凯泽斯劳滕足球俱乐部的主场，现在的名字就叫作"弗里茨·瓦尔特球场"，该球场在承办2006年意大利与美国的世界杯比赛时，赛前全场为四年前去世的这位传奇球员默哀了一分钟；

他在退役后成立了推动青少年体育发展的"弗里茨·瓦尔特基金会"，德国足协也从2005年起设立了表彰U19、U18、U17和女足青年球员的"弗里茨·瓦尔特奖"，大博阿滕、克罗斯、格策、施特根、詹等人都曾经是获奖者。

而这些传奇故事的转折点，就是当年瓦尔特在苏军战俘营咬牙坚持的那一场比赛。若干年后他曾经在自传里这么写道："很多人说伯尔尼奇迹是我一生最重要的比赛，但其实不对。对我来说，最重要的无疑是1945年和战俘营看守们踢的那一场。"

坚持到底，勿忘初心，人生的每场比赛都有可能成为你最重要的那一场。

一个乌龙带来的蝴蝶效应

1976—1977 赛季，阿兰·摩尔被诺丁汉森林球迷票选为当季的队内最有价值球员。这一事件迅速成为热点新闻，传遍了英格兰足球圈的每一寸土地。

为什么？首先，阿兰·摩尔那个赛季并没有什么优异的表现，甚至整个职业生涯都没能闯出什么名堂。你用这个名字去问百度，得到的答案多半是一个大胡子著名漫画家。就算加上 football 这个关键词并且拿着 Alan Moore 的英文名换道去找谷哥，相信我，你找到的肯定也是同名同姓的别人。其次，最关键的地方来了——他当时是一个米尔沃尔球员。

言归正传，下面就来仔细说说这到底是怎么一回事。

诺丁汉森林理论上也是英格兰老字号俱乐部的典型代表，早在 1865 年就呱呱坠地了。作为这项运动的先驱，他们此后不断对小字辈球队慷慨解囊鼎力相助。比如21年后阿森纳诞生了，他们送上一堆自家的红色球衣作为贺礼，红色从此成为枪手主场战袍的主色调。又过了6年利物浦也萌芽了，他们再送上一堆红色球衣，不过骄傲的利物浦人先穿了两年蓝白衣后才换上了红衣，而且倔强地表示：红色本来就是咱们城市的代表色，先说好跟你们没啥关系啊！

然而，诺丁汉森林虽然辈分很大，成绩却远远比不上那些收红包的晚辈。英格兰职业联赛诞生的初期，他们就是个夺冠无望、降级无忧的混日子型中游球队。后来混的时间长了一不小心真的降了级，从此变成了甲乙两级之间的升降机，甚至最惨的时候还跌到过第三级别联赛。直到20世纪70年代之前，诺丁汉森林百年历史的荣誉榜上也就只有两个足总杯的冠军和一次老英甲的亚军，可以说是十分对不起老前辈的尊严了。

到了1974—1975赛季，这支球队在英乙前24轮只赢了9场，暂居联赛第13位，看起来还是升级无望。管理层终于觉得这么混下去实在没啥意思，怒而决定：我们要换个活法！于是，他们找来了之前带领德比郡拿下顶级联赛冠军而名震英伦的主帅布莱恩·克拉夫，以及他的黄金搭档彼得·泰勒。

名帅毕竟是名帅，克拉夫带队的第一个赛季，诺丁汉森林最终拿下了英乙的……第16位。这怎么还不如接手之前呢?! 算了算了，毕竟是半途接手，调教球队还需要时间。哦对了，顺带一提，那个赛季英乙夺冠升级的球队叫曼联。

当年克拉夫和泰勒组成的"黄金搭档"

第二个赛季，诺丁汉森林拿到了英乙第 8 位，这不好歹往升级之路迈进了一半。第三个赛季，也就是文章开头说的 1976—1977 赛季，他们终于成为争夺升级名额的有生力量，但大部分时间都还在第 4 名到第 6 名间徘徊。然而机会最终还是出现了，原本稳居第 3 名的博尔顿最后几轮连续丢分，诺丁汉森林看到了重回甲级的希望。

最后一轮，诺丁汉森林主场迎战米尔沃尔。这场比赛的最终比分是 1 : 0，诺丁汉森林凭借这场胜利超越了博尔顿来到联赛第 3，和前面的狼队、切尔西一起携手升入了顶级联赛。而那个进球的人，就是开头提到的米尔沃尔队内的阿兰·摩尔。

没错，这是个乌龙球。

谁都知道升级是全队上下一整个赛季努力付出的成果，但最后一轮直接决定最终成败的关键因素是一个乌龙球，还是让众多的森林球迷感觉到极大的刺激和惊喜。于是他们在全队赛季 MVP 的评选里纷纷投票给了阿兰·摩尔，让他莫名其妙地在足球历史上留下了自己的名字。

之所以我说"足球历史"而不是"诺丁汉森林队史"，是因为这个乌龙球带来的升入甲级只是个开始，一场不可思议奇迹般蝴蝶效应的开始。

1977—1978 赛季，诺丁汉森林打入了联赛杯的决赛，首战平局后重赛以 1：0 击败了当年他们送过球衣的利物浦，拿到了队史的第一个联赛杯冠军。这还不算什么，更夸张的是他们还在英甲里以 7 分的巨大优势（当年还是两分制）又压过了利物浦，拿下了队史的第一个顶级联赛冠军。升班马变身双冠王，是不是比莱斯特城还要凯泽斯劳滕？

好戏还在后头。1978—1979 赛季，诺丁汉森林以英格兰王者的身份首次参加欧冠联赛，然后一路干掉利物浦（怎么又是你）、科隆等强队，决赛里击败了两年后迎来伊布出生的马尔默，直接就把大耳朵杯带回了家。虽然联赛里被利物浦反超只拿到了亚军，但他们连着上赛季创造了 42 场联赛不败的纪录，直到 20 多年后才被阿森纳打破。此外诺丁汉森林还在联赛杯里实现了卫冕，从某种意义上来说，这个赛季也是双冠王。

好戏还没结束。1979—1980赛季，诺丁汉森林在国内赛场颗粒无收，联赛杯决赛输给了狼队，英甲更是只排在了第5位。可是在欧战赛场，他们击败巴萨拿下了欧洲超级杯，而更重要的是——在伯纳乌球场完成了欧冠卫冕。这是什么概念？三年前，这还是一支靠着对手乌龙球才惊险升级的英乙球队。三年后，他们竟然已经站在了欧洲之巅，还是两次！

遗憾的是，这也是诺丁汉森林至今为止最后的辉煌。伴随着克拉夫和泰勒彻底分道扬镳，球队的成绩不断下滑，别说剑指欧冠和联赛冠军了，连保级都逐渐成了问题。虽然此后也有过两个联赛杯冠军入账，但英超元年他们排名垫底，惨遭降级。经过了一阵子升降机的挣扎之后，彻底变成了英冠的常客。

布莱恩·克拉夫和他的诺丁汉森林奇迹，就像一场短暂却无比绚烂的烟火，在英格兰乃至欧洲足坛都留下了动人的光彩。直到今天，诺丁汉森林依然是唯一一家欧冠冠军比顶级联赛冠军还多的俱乐部。

而回头想想，这场奇迹的起点在哪里呢？如果没有阿兰·摩尔的乌龙球，诺丁汉森林那个赛季肯定无法升级，当时已经有点嫌隙的克拉夫和管理层说不定就会彻底闹翻，什么升班马夺冠和欧冠卫冕的奇迹或许都会不复存在。这个不经意的乌龙球，却在后来掀起了整个欧洲足坛的风暴。

所以，假如诺丁汉森林以后搞个队史MVP投票，我强烈建议选项里要有阿兰·摩尔。

智利门神的"自残假摔"

　　说起智利国家队，你有哪些印象？很多球迷都会觉得他们是南美足坛的一大传统劲旅，但如果翻开世界杯的参赛履历，会发现他们不仅难以和巴西、阿根廷两大豪强相提并论，总体成绩也离乌拉圭有着不小的差距。比如最近9届世界杯里智利只打入了3次决赛圈，正好是乌拉圭的一半。而且在这9届里还有1990年被取消参赛资格和1994年禁止参赛这样的特殊事由，这又是怎么一回事呢？

　　一切都要追溯到1989年9月3日，地点是久负盛名的马拉卡纳球场。那一天是1990年意大利世界杯南美区预选赛的最后一轮，巴西在这座本国的"心脏"球场迎战来访的智利。赛前同分的双方都还保有晋级决赛圈的可能，只不过净胜球较少的智利必须拿下客场的胜利，而桑巴军团只需一场平局足矣。

直接决定晋级名额的关键战役，球迷极度狂热的南美足坛，再加上双方此前首回合交锋"9黄2红"的混乱局面，使得这场比赛的安保工作受到了极大的压力。幸好比赛开始之后的剧情走向还是很正常的，强大的巴西队并没有受到"打平即可出线"魔咒的影响，他们先拔头筹取得了比分上的领先，而且始终牢牢掌控着局面。看起来智利人并没有什么逆转的机会，巴西队顺利出线只是个时间问题。

但顷刻间风云突变。第67分钟巴西门将一个大脚把球开过了半场，前锋没能争到头球。可智利队后卫阿斯腾戈得球后并没有继续比赛的意思，只是站在原地把手指向了本方的球门。镜头随之一转，门将罗哈斯掩面倒地，身旁不远处还有一个正在燃烧的烟花。

掩面倒地的罗哈斯

此情此景，自然让人们产生了这样的联想：当时的比分是巴西队1：0领先，肯定是场边的球迷情不自禁把烟花扔进了场内，正好砸在了罗哈斯的脸上，造成了这位门将的意外受伤。心急的智利球员们围在了罗哈斯的身边，队医冲进场内做了应急处理，然后他们不等担架入场就合众人之力把罗哈斯抬下了场。场边的记者们蜂拥而至，电视镜头记录下了他额头、肩膀和球衣上的片片血迹。

很快，智利全队以安全为由拒绝重新参赛，主裁判只能宣布比赛中止。留在场上的巴西球员一脸蒙，低着头沉默地走进了更衣室。他们的心里或许只有一个想法：糟了。

但事态的发展比巴西球员们的预期还要糟糕。智利队立即启程回国，有1.5万名球迷来到凌晨三点的机场接机，他们喊着罗哈斯的名字表达着对于国家队的支持。这一事件在智利国内不断沸腾，愤怒的人们来到巴西大使馆前抗议和辱骂，甚至让使馆内下起了持续了好几天的石头雨。

一场足球比赛，眼看着就要升级成外交危机。智利足协这时出面开始给事件降温，他们没有像国内媒体和球迷呼吁的那样直接要求判本队获胜甚至禁赛巴西，而是向国际足联提出了一个看似合情合理的投诉：这事和巴西队无关但确实造成了人身伤害，因此比赛结果应该作废，双方择日挑选中立场地重赛。

是不是很大度？但国际足联在调查这一事件的过程中，发现这份大度背后有着很多奇怪的地方。

第一，有关专家表示，这种烟花直接接触皮肤可能造成灼伤，但绝对不可能"炸"出这么多鲜血；第二，智利队医罗德里格斯提交了伤情报告，内容写到罗哈斯的伤口紧急缝了五针，但没有任何伤口和处理时的照片；第三，罗哈斯本人在接受调查组询问时很多细节含糊其词，甚至有几处出现了前后矛盾；第四，有一位名叫保罗·特谢拉的巴西摄影师，向国际足联提供了一份关键证词和得来不易的证据。

事发当时，特谢拉正在罗哈斯镇守的球门后拍摄照片，目睹了烟花落下的全过程。据他所说，烟花并没有砸中罗哈斯而是落在了距他 1 米之外的地上，但因为事发突然和准备不足，他并没有拍下第一时间的照片。当罗哈斯满身鲜血被抬下场之后，特谢拉敏锐地感觉到这事可能对他的祖国产生极其不利的影响。于是他开始挨个询问周围的其他摄影师，想找找有没有其他人拍到烟花刚落地的瞬间。

结果有幸运也有不幸。幸运的是，有一位名叫阿尔费里的同行抓拍了整个过程的多张相片。不幸的是，阿尔费里是一名阿根廷摄影师，而且受雇于日本媒体，对方还要求他直接提供未冲洗的底片。这就很麻烦了，阿根廷和巴西在足球方面历来是水火不容的直接对手，更不用说这还涉及摄影记者的职业操守。

但特谢拉并没有轻言放弃，他先是苦口婆心说服阿尔费里暂缓向日本寄送胶卷，后是发动一切关系寻找把这条线索上报的机会。听闻此事的巴西足协主席里卡多·特谢拉亲自出面，总算让这些照片作为证据递交给了国际足联。两个特谢拉，就这么联手拯救了巴

这是最关键的一张

西足球。

凭借着这些证据，国际足联最终作出了裁定：判决本场比赛巴西队以 2 : 0 获胜。智利国内的球迷并不买账，他们纷纷怒斥国际足联帮着强国巴西对智利足球展开了迫害。就在两个国家的对立情绪达到顶峰的时候，再也扛不住压力的主角罗哈斯站出来坦白了一切。

原来，他不仅是一名演员，还是一名敬业到不惜自残的演员。

真正的故事其实是这样的：罗哈斯预料到客场面对强大的巴西队可能会很艰难，也知道马拉卡纳球场的球迷非常狂热，于是他提前在左手的门将手套里藏了一个小刀片。等到真的有球迷把烟花扔进球场的时候，他就知道时机终于到来了。

罗哈斯假装掩面倒地，实则偷偷拿出刀片割伤了自己的眉骨。他也不是一个人在演戏，充当第一目击者的队长阿斯腾戈、进场后挥洒红药水冒充血迹的队医罗德里格斯、指示队员立刻退赛的主教练阿拉维纳、赛后迅速安排全队"逃离现场"的智利足协……通通都是提前知晓剧本的配角。

当事者自白之后，舆论彻底逆转。智利人集体沉默，巴西人愤怒到发狂。不仅是因为被伪装的剧情骗光了感情，更重要的是身为主演的罗哈斯本身就在巴西豪门圣保罗踢球，拿着巴西人的钱居然还回头要坑害整个巴西足球，这谁能受得了啊？

更加愤怒的是国际足联。他们官方将这一事件定性为"世界杯历史上最大的丑闻"，然后开出了有史以来最重的罚单：智利队被开除出 1990 年和 1994 年两届世界杯，队长队医主教练等各位配角通通禁赛 5 年，主角罗哈斯终身禁止参与任何足球活动。被动退役的罗哈斯并没有其他的谋生特长，更因为在智利国内成为千夫所指的罪人而找不到工作。后来智利为了表达歉意主动承办了 1991 年的美洲杯，罗哈斯的妻子以个人身份给国际足联寄了一封长达十几页、声泪俱下的道歉信，却还是没能挽救罗哈斯的足球生涯。

绝境之际，还是来自巴西的老东家圣保罗伸出了援助之手。他们聘请罗哈斯成为本队非正式的门将教练，国际足联面对这种"原谅行为"也选择了睁一只眼闭一只眼。而他对巴西足球和圣保罗最好的"补偿"，就是培养出了足球史上进球最多的门将切尼。2001

年，罗哈斯终于得到了来自国际足联的特赦，得到了正式回归足球活动的资格。后来他还临时担当过圣保罗的救火主帅，带领球队重回当年的马拉卡纳球场挑战弗卢米嫩塞。这一次，他堂堂正正地取得了胜利。

2011年，罗哈斯因为严重的肝炎停止了一切工作，继续留在巴西接受治疗。2013年，为了筹集移植手术所需的花费，包括布拉沃在内的多名智利国脚参加了慈善比赛，有的巴西球迷在网上发表着"活该"的言论，但也有人选择忘却仇恨捐出了善款。2015年，罗哈斯接受了肝脏移植手术，此后在巴西过着远离纷扰的疗养生活。当年为了让国家队打入世界杯不惜自残，却因为演技被识破得到一纸禁令的故事虽然已经恍若隔世，但总会在每次世界杯之前被各国媒体反复提及。

智慧和勇气用错了地方，代价可能真的会伴随你的一生。

时长两小时、每队 500 人的德比战

众所周知，现代足球正式诞生的标志是 1863 年 10 月 26 日英足总成立。

再往前数，英国各大公学的毕业生们齐聚剑桥，通过带有酒精味的"友好"协商统一了各家的玩法，于 1848 年制定了史上第一个文字形式的足球规则：《剑桥规则》（已失传）。

那再往前数呢？这些公学的足球肯定也不是从石头里蹦出来的对吧？在此之前，足球已经在英国平民阶层和校园有过数百年的活动和发展，而且是百花齐放。其中很多赛事，风格都很粗犷。比如久负盛名的"阿什本皇家忏悔节足球赛"（Ashbourne Royal Shrovetide Football）。

没听说过？且听我来解释一下。

这项赛事创立于 12 世纪的亨利二世时期，是一种很像足球但

只能算是足球雏形的运动。像足球的原因是：场地一分为二，双方分成两个球队，把球弄进对方球门算得分。

不能算是足球，只能算雏形的原因如下。

1. 比赛时间是从下午 2 点到下午 10 点。你没有看错，长达八小时。此外，如果踢到 5 点半还是 0 : 0，那么比赛就以互交白卷结束，只要有进球那就继续踢到 10 点。

2. 比赛人数不是固定一支球队 11 个人，而是数十人到数百人不等。你还是没有看错，史料记载大多数时期参赛每队都在 500 人左右。因为，这比赛是按照阿什本小镇中间的汉莫河为界，居民按照出生地分成人数相等的"河北队"和"河南队"。

3. 双方球门分别在小镇的两端，距离 3 英里，也就是大概 4800 米。而且严格来说这不应该叫球门，应该叫"球石"。所谓"球石"，是当地两个河边老磨坊的大磨石。连续三次踢中这个磨石，才算得一分。而且射门时必须站在上面提到的那条汉莫河里。

4. 带球的时候不是一定需要用脚踢，可以头顶，可以抓着，也可以抱在怀里。所以，这严格来说更像是超大型橄榄球狂欢节。话说起来，其实足球本来就和橄榄球同源。英足总诞生时，代表拉格比公学的布莱克西斯俱乐部因为其暴力美学流派被一致反对怒而退出，以自己公学的名字创立了英式橄榄球（rugby），不过这就是后话了。

5. 既然可以抱在怀里，那么怎么断球和阻挡对方呢？答案很简单：撞、抢、打。因此，这项声势浩大的"足球赛"在 12 世纪到

19 世纪之间，往往会变成另一项我们熟悉的活动：群殴。

1829 年，一位充满文艺气息的法国游客曾经有幸现场目睹了这项活动并且成功活了下来，回国后他在报纸上是这么形容的："额滴神啊，如果英国人把这玩意称作比赛，那什么才叫打架？"

你说神奇不神奇？

后来，现代足球在发展过程中变得越来越文明。这个阿什本皇家忏悔节足球赛直到今天还时不时会举办一下，当然也已经变得文明多了。市长亲自开球、双方都是人海战术只挤撞不打架、赛后还会一起举办千人大聚餐，基本上就是个全镇参与的狂欢节。

哦对了，这个阿什本小镇位于一个足球世界里地位非常独特的地方——德比郡。因此，英国也一直流传着一种说法，说这就是足球同城较量被称为"德比"的起源。另一种说法，是因为赛马圈的叶森德比（或译打吡），同样也是在德比郡这块地儿。

当然，这种"黑历史"官方是不会承认的，所以包括《牛津英语词典》在内的地方都采用了赛马说。咱们心里记得就好。

警犬咬大腿，球队神保级

和大部分英格兰低级别联赛俱乐部相比，托奎联（Torquay United）在全国范围内要有名得多。主要原因有下面这三个。

第一，他们位于英格兰西南海岸边的小镇托奎，风光秀丽。这里曾经是维多利亚时代著名的度假村，虽然后来渐渐走向没落，但几代英国人多少都听过这名字。

第二，他们早在1899年就在当地一个酒吧里成立了，历史悠久。2019年耐克还帮他们推出了120周年限量款纪念球衣，没错，长期混迹第五、六、七级联赛的托奎联居然拥有耐克的赞助。

第二，他们经常每个赛季要比大多数球队多打几场比赛，堪称劳模典范。为啥呢？因为托奎联的字典里就没有"中庸"两个字，联赛排名的变化轨迹几乎就是个心电图，赛季结束后不是去打升级附加赛就是去打保级附加赛。

当然作为一支小镇球队，显然参加后者的机会要多得多。用当地一位著名球迷领袖的名言来说："如果有人周末去球场是想看我们赢球，那他的脑子一定是坏掉了。"你看，多么独特的球迷文化。

时间来到1985年，正在征战英格兰丁级联赛（第四级别）的托奎联从伯恩茅斯挖来了主教练斯图尔特·摩根。这位当了半辈子助理教练的老江湖终于得到了转正的机会，兴致勃勃地来到了本队的主场。

接下来，他感受到了人生中最大的惊讶。在他的眼前，球场是个空地废墟，中圈是个养鸽场，看台堪称空难现场。出征客场的球队大巴因为空间太小，球员们不只要坐在队友的大腿上，手脚还经常要伸出窗外。

没办法，当时所有的乡镇俱乐部都有一个共同的特点，那就是穷。而托奎联最大的独特之处，就是比他们更穷。因为穷，他们买不起球员、开不起工资，所以才会年年以各种花样保级。因为真的特别特别穷，所以他们没钱更换已经变形的横梁，更不可能去修缮前几年因失火烧焦的看台。

幸好，误入此坑的摩根教练凭借着多年在低级别联赛摸爬滚打的人脉，到处"拐骗"球员加盟，总算让他执教托奎联的处子赛季成功保持了前一年的排名：联赛垫底。好吧，真正幸运的其实是当年的丁级联赛降级需要打个附加赛，哪怕最后一名也有败者复活的机会。而托奎联多年的咸鱼翻身经验此时发挥了重要的作用，他们每年都顽强地翻了过来，成功保级。

但故事在 1987 年发生了转折，那一年降级制度改变了。从此以后，英格兰各级别职业联赛的最后两名都直接降级，没有再去附加赛续命的机会。于是，1986—1987 赛季的托奎联开始迎接一次巨大的挑战。

为了提升球队的战绩，摩根教练想了很多办法，比如大巴开到还有 20 分钟车程时把球员们全都赶下车，等他们步行走到球场时就已经完成热身了。又比如看了许许多多的励志畅销书，在中场休息时想方设法激励球员们的斗志。然后，他们经过一场又一场的顽强奋斗，终于在联赛最后一轮来临前将自己的排名作出了关键的提升：倒数第二，只落后前面的林肯城 1 分！

末轮打克鲁，对于托奎联上上下下来说简直就是一场决定命运的决赛。

球员们很紧张，如果降级那就意味着掉入第五级别，也就是退出前四级的职业联赛。当年的英格兰足球系统还没有今天这么发达，第五级必须转为半职业球员，也就是意味着收入大幅下降，必须去找个其他的本职来维持生活。

球迷们更紧张，因为当时托奎联原本就不富裕的财力已经见了底，如果雪上加霜的话根本就维持不下去。很多类似情况的老牌乡镇俱乐部都破产消亡，托奎联说不定就是下一个。

这是一场不能输的背水之战，托奎联球员们竭尽全力，然而上半场仍然被克鲁全面吊打。比赛开打 20 分钟就以 0 : 2 落后，中场休息前的十多分钟甚至连球都摸不到，被压在后场一阵围殴。所有人都绝望了。

但这个下半场注定会载入英格兰职业足球的史册。

首先，虽然他们开场后长达五分钟没碰到球，但一次意外的机会拿到了一个禁区外任意球。右后卫兼队长迈克尼科尔一脚爆射，克鲁门将判断失误扑错方向，托奎联将比分追成了 1：2。

其次，激动的托奎联球迷开始拆掉围栏往场里扔杂物，警方出动大量警力前来维持秩序。为了防止球队落败降级后的事态进一步恶化，他们带来了大批警犬。球场上出动警犬在英格兰足坛并不多见，而且经过那一天之后肯定是再也不见了。原因嘛，你很快就会知道。

最后，托奎联积攒了一个赛季的求生欲完全释放，所有人开始一门心思往前冲。防守？谁在乎。传球？那是什么东西。每个球员脑袋里都只有一个信念：射门！我要射门！

比赛还剩八九分钟结束的时候，球被克鲁队球员大脚开出了界。迈克尼科尔一门心思冲向球，希望能快发界外球赶紧发动新一轮进攻。可问题在于，球在出界前不偏不倚正好滚向了一名牵着警犬的警察。

这位警察叔叔后来说，他用余光看见了身后跑来的迈克尼科尔，但他坚守岗位没有让开。警犬兄什么都没有说，但它迅速用行动做出了回应。面对"冲向警察的危险分子"，它转身、启动、加速，一口咬住了迈克尼科尔的大腿根部。

远处的观众不知道发生了什么。球迷以为他铲球发生了意外，教练以为他拉伤了大腿肌肉，本队门将甚至还在大喊："吉姆（迈克尼科尔），别闹了！不管怎么了赶紧给我起来！"但人们很快就发现了真相：他们的队长被狗咬了……没错，在职业足球比赛进行的过程中被狗咬了……

球迷们疯了，他们觉得是警方毁掉了主队原本还一息尚存的保级希望，开始冲向这名牵着警犬的警察。更多的警察来到事故附近，安抚球迷的情绪并且预防更严重的冲突。

但故事这时再度发生了180度的转弯。因为当时的规则只允许换一个人，不愿本队关键时刻出现人数劣势的迈克尼科尔顽强地站了起来，经过包扎等简单处理后重新回到了球场。整个过程花了4分钟，因此裁判伤停补时给了4分钟。

就在迈克尼科尔回到球场之后，托奎联的球迷们从广播里得到消息，倒数第三的林肯城输掉了比赛。也就是说，只要他们再进一球扳平比分，就能凭借净胜球优势成功保级。而队长的浴血奋战极大地鼓舞了全队的士气，托奎联不断向克鲁的球门发起进攻。补时第三分钟，足球在克鲁队禁区里经历了各种混乱传递，机缘巧合来到了迈克尼科尔脚下。他忍着疼痛完成转身，即将失去平衡时射门，得分，用的还正是那条被咬伤的腿！

这是什么剧情？电影都不敢这么写好吗？

如果没有警犬那一口，比赛就不会有最后的那4分钟补时。如果没有迈克尼科尔的带伤坚持，球队的冲锋士气不会如此高昂。于是，这只叫作布林的警犬在托奎联球迷中的口碑从"罪狗"一下子变成了"英雄"!

英国各地的电视和报纸上到处都是布林帮助保级的神奇故事，迈克尼科尔缝了 14 针之后与布林和那名警察成了多年的好朋友，托奎联主席还来到警局给布林送上了围巾和大骨头。直到今天，还有很多托奎当地的球迷会在门牌等纪念品上刻上布林的头像，来纪念这位当年帮助球队神奇保级的功臣。

更神奇的是，这一咬彻底改变了托奎联的命运。不只是球队保级留在了职业联赛，而且因为这次戏剧性事件声名大噪，赞助和更多的粉丝慕名而来。他们再也没有出现过当初那么严重的经济危

托奎联 120 周年纪念球衣

机，虽然离英超甚至英冠差得十万八千里，但哪怕后来在第 3 到第 6 级联赛里浮浮沉沉，却还是安安稳稳活到了现在。

2019 年的 120 周年庆，不仅耐克为他们送上了各种色号的纪念球衣，网飞还拍了一部名叫《败局启示录》（*Losers*）的体育纪录片，里面有一集说的就是这个故事。

忘了开头说的那三个理由吧，托奎联比其他低级别俱乐部有名的根源很简单，那就是：警犬咬大腿，球队神保级。

还有比这更值得吹一辈子的奇葩事儿吗？

二、那些比小说还离奇的现实

空气青蛙引发的魔咒

　　咱们都知道，南美洲是一块神奇的土地，动不动就会出现一些包裹在奇幻色彩里的荒诞事件。再加上职业足球的重心越来越向欧洲倾斜，球迷们对于南美足球的了解除了国家队和几个豪门俱乐部的名字之外，可能就只有下面这种新闻了：《世界杯期间秘鲁巫师再作法，然而好像并没有什么作用》。

　　不过，如果你去问问巴西豪门俱乐部瓦斯科达伽马的球迷，说不定他们一听到"作法"二字就会面露怯色，或者怒目圆睁连连追问你到底想做些什么。为什么会这样呢？接下来就让我们好好了解一下瓦斯科达伽马队史上最严重的一次心理阴影。

　　作为巴西足坛的活化石和老牌强队，这家俱乐部坐标里约，名字直接 copy 于全世界历史课本上都有的著名葡萄牙航海家。但在里约州人民的世界观里，提到达伽马的第一反应可能先是足球，然

当年还很青涩的贝贝托和罗马里奥

后才是那个伟大的大航海时代。

由于经济原因，巴西直到 20 世纪 70 年代才有全国联赛，洲联赛长期都是俱乐部最活跃的舞台。而截至 2018 年，瓦斯科达伽马在州联赛里拿了 24 个冠军和 25 个亚军，还走出过罗马里奥这样的超级球星，和弗拉门戈、弗卢米嫩塞、博塔弗戈并称里约州四大天王。

其他的小球队遇到他们都是输多赢少，万一对方正值黄金年代，更是只有躲在角落瑟瑟发抖的份。这不，在 1937 年的一场比赛里，传统弱旅安达拉伊就在瓦斯科达伽马面前输了个 0∶12。这个比分虽然罕见，但仍然不足以在球迷的记忆里留下一个特殊的位置。但接下来发生的事情，保证你想忘都忘不掉。

十二次被对手洞穿球门的安达拉伊门将阿鲁比尼亚内心受到了极大的羞辱，情绪几乎崩溃的他赛后跪在场边痛哭流涕。怒从心头起，恶向胆边生，因悲生恨的阿鲁比尼亚随即针对瓦斯科达伽马下达了这样的诅咒："天灵灵地灵灵，不攒人品怎么行。今天赢个 12 比 0，往后 12 年没冠军！"

这一行为被身旁的球迷看在眼里，一传十十传百很快就扩散到了整个里约州。光是言语诅咒显然不带劲，于是在舆论的传播扩散里还出现了很多劲爆的后续发展。有人说他回家扎了草人，也有人说他去找了隐世的巫师，甚至还有人说他本身就有通灵能力。流传最广的一个版本，是说阿鲁比尼亚偷偷跑去瓦斯科达伽马的主场，在草皮底下埋了一只青蛙。

起初，瓦斯科达伽马和他们的球迷对于这种事情都当作是个茶余饭后的笑谈。唉，人红就是是非多，要是靠一只青蛙和诅咒就能决定冠军的归属，那我们辛辛苦苦踢个球是为了啥？

但接下来的事情，却渐渐让他们的笑容从脸上消失了。一两年没夺冠——运气不好还有来年；三四年没夺冠——没事谁还没有个高峰低谷；五六年还是没夺冠——事情好像真的有点不对劲。故事到了 1943 年和 1944 年迎来高潮，瓦斯科达伽马一边嘴上说着"拒绝迷信、相信科学"，一边到处搜罗优秀球员想要打破冠军荒。然而兵强马壮的他们连续两年高开低走，最终都以非常微弱的劣势错失了冠军。

8 年无冠，俱乐部彻底抓狂，原来的冷静全都变成了急于破解诅咒的恐慌。第一步，他们在休赛期几乎翻遍了球场的每一寸草皮，但是哪里都找不到那只传闻中的青蛙。第二步，高层集体前去拜访早就退出了球坛的阿鲁比尼亚，对于当年那场"违背体育精神的羞辱"表达了诚挚的歉意，并且恳求大仙收了神通，告诉他们青蛙到底埋在哪。

阿鲁比尼亚起初并不愿意多谈当年的事情，但最后还是被对方的诚意打动："我现在连球都不踢了还管什么诅咒不诅咒的，让一切往事都随风而去吧！另外，我当年压根就没埋什么青蛙，更没有什么扎草人啊通灵大神啊之类的玩意，其实这一切都是球迷自己编的。"

你猜接下来怎么着？当年，也就是 1945 年，破除了心魔的瓦斯科达伽马真的拿回了阔别 9 年的里约州冠军。而且紧接着，他们又打出了一波 7 年 5 夺冠的王朝巅峰。

所以说，真正厉害的哪里是什么空气青蛙，而是人们的——心魔。

七只黑猫的魔咒升级版

看完上一篇的"青蛙魔咒"，可能有的球迷完全不以为然：这几年无冠算什么，听说过"古特曼魔咒"吗？确实，当年带领葡萄牙本菲卡俱乐部的传奇教练古特曼负气离职，留下一句"本菲卡100年内不会夺得欧洲冠军"的狠话。结果一晃50多年过去了，本菲卡此后8次闯入欧冠和欧联杯的决赛，8次全都屈居亚军。

此魔咒在世界足坛流传很广，但其实南美足坛也有过一次类似的长时间魔咒事件，虽然知名度没有那么高但剧情更加曲折离奇，那就是阿根廷的"七只黑猫"事件。而这一次的主角，是球衣乍一看酷似潘帕斯雄鹰的阿根廷竞技俱乐部。

作为阿根廷足坛一支老牌强队，竞技俱乐部拿到过不少大大小小的冠军。截至2023年，他们18次顶级联赛夺冠的次数仅少于咱们熟知的河床与博卡，位列全国第三。

而他们最辉煌的时间呢，是 1966—1967 年。1966 年，竞技队拿下了阿根廷联赛的冠军。第二年，他们又把解放者杯收入囊中，风头一时无两。区区南美足坛已经无法满足他们的野心，下一步自然是征服全世界。于是，竞技队在 1967 年的洲际杯（也就是后来的丰田杯）里碰上了当年的欧冠冠军凯尔特人。

　　第一回合，竞技队做客苏格兰输了个 0∶1；第二回合，他们回到主场赢了个 2∶1。在客场进球制度还没有呱呱坠地的年代，双方只能就近在中立场地乌拉圭再来一局。都打到这份上了，谁能轻言放弃呢？于是两支球队在这场补赛里全力拼搏、针锋相对，进而火星四射、频繁互殴……

　　付出了自己两红对手四红的惨痛代价之后，竞技队终于以 1∶0 拿下了这场来之不易的胜利。称霸全国、统治南美、征服世界的三步走计划大功告成，阿根廷竞技的球员和球迷们在邻国乐开了花。可那些欢庆的人们怎么也不可能想到，此时后院竟然起了火。

　　话说竞技俱乐部在相隔不远处有个死敌，叫独立俱乐部。其实这独立俱乐部也是来头很响的阿根廷老牌强队，截至 2023 年的联赛夺冠次数也就比同城的竞技少了两次。俗话说"看见你过得好我就糟心了"，独立队的球迷眼睁着对方空前辉煌，内心的嫉妒之情如同火山般涌动，最后彻底爆发。

　　在竞技队拿下世界冠军的那个夜晚，某个独立队的极端球迷组织趁着月黑风高偷袭了死敌的主营，他们潜入竞技队的主场，在草皮和球场周边埋下了七只黑猫。黑猫在很多文化里都被视为神秘的化身，"7"在阿根廷也被部分人视为不祥的数字，如果掩埋的位置再组成个奇奇怪怪的魔法阵，是不是觉得格外瘆人？

有了上一篇的经验，接下来的故事你应该已经猜得到了。甭管到底是不是这个诅咒的效果，反正竞技队的走势从此急转直下。此后长达 35 年的时间里，别说世界冠军或者南美解放者杯了，他们连阿根廷联赛冠军都没能再度染指，甚至还出现过降级的悲剧。

这么长的时间里，竞技队不是没有设法自救。首先，他们找来了当地德高望重、也是本队死忠球迷的神父。老神父在主场球门前洒下了圣水，希望能超度七只黑猫的亡魂，超过一万名球迷来到球场见证了这一仪式。

没用。

其次，许许多多忧心的球迷自发组织了规模浩大的驱邪仪式，他们举着火把烧毁了象征诅咒的各种宗教用品，在市内庄严肃穆地完成了集体游行。为了避免不同立场球迷的冲突，阿根廷警方还出动了大量警力来维持现场秩序。

还是没用。

最后，他们只能想到最原始的老方法：开挖。那几年的休赛期，竞技队开始逐步挖开主场草皮和周边的草地，试图寻找黑猫们的尸体。而且，他们真的找到了。一只、两只、三只……随着时间的推移，俱乐部先后找到了六只黑猫的尸体。可最后的第七只，偏偏无论如何也找不到踪影。

依然没用，俱乐部的低迷还在继续。

时间到了 2001 年，曾经在河床有过 500 多次出场的阿根廷足坛名宿雷纳尔多·梅洛接过了竞技队的教鞭。这位教练性格倔强并且雷厉风行，早就对于"黑猫魔咒"有所耳闻的他来到俱乐部之后，第一个要求就是：接着挖。不仅要挖还要深挖，就连当年是草地后来已经浇筑成混凝土建筑的地方，也要通通拆掉往下挖。反正不把第七只黑猫找出来，咱们谁都别想休息！

于是在那个休赛期，竞技俱乐部上上下下都全力投入到了这项大工程之中。在所有人的努力之下，他们最终如愿找到了最后那只

Desperate measures
Thousands of Racing Club fans attend an exorcism that they hope will reveal the laset resting place of the cats and thuw expunge the curse hanging over the club.

THE CURSE OF THE CATS

国际足联官网截图

黑猫的骸骨。

效果如何呢？聪慧的你肯定又能猜到剧情接下来的发展。没错，就在这一年，雷纳尔多·梅洛率领着竞技以1分之差力压自己的老东家河床，拿下了阿根廷春季联赛的冠军。距离他们上一次在顶级联赛夺冠，已经过去了整整35个年头。

是不是觉得很不可思议？这么玄幻的故事你是不是觉得肯定是我编的？其实，这个故事在南美足坛也有着很高的知名度，甚至被国际足联收录在了官方的电子杂志里。

不过这事其实也有争议。有人说他们真的挖出第七只黑猫破解了魔咒，也有人说竞技队其实只是偷梁换柱对外宣传而已，但不管怎么说——破解了心魔，才是真正的关键。

骗子也能踢英超？

1996 年岁末，时任南安普顿主帅索内斯接到了一个奇怪的电话。

那个冬天对于圣徒和他们的这位主教练来说格外寒冷，球队在伤病潮的摧残下勉强才能凑出个首发阵容，前锋动不动就要用前腰或者边前卫客串，再这么搞下去说不定这位红军名宿就要撸起袖子被逼复出了。然而此般危急时刻，他突然接到了一个雪中送炭的电话，电话那头的人自称是"乔治·维阿"。

乔治·维阿？那可是正在 AC 米兰大杀四方、不久之前刚刚拿到金球奖的超级前锋啊！若是他能加盟南安普顿，不仅前锋荒迎刃而解，更是能让整个球队的实力直接提升不止一个档次啊！于是三言两语客套寒暄之后，谈话很快进入了主题。

"维阿"："听说你们现在没前锋可用了？"

索内斯："对对对，您要是肯屈尊，我们真的是三生有幸蓬荜生辉光宗耀……"

"维阿"："打住。不是我，是我一表哥，也踢前锋，塞内加尔国脚，球技没话说。他就是一直差个机会，你看……"

索内斯："既然是您的表哥，想必也定有过人之处，那就让他来试试吧！"

几天之后，一个名叫阿里·迪亚的黑人球员来到了英格兰，和南安普顿签下了一个月的短期合约。当年英超没有劳工证制度，国际足联也没搞出跨国转会许可证这玩意，因此整个过程毫无阻碍如丝般顺滑。

或许在英国人民看来，黑人球员都长得差不太多，塞内加尔和利比里亚也傻傻分不清楚，反正是大佬亲自介绍的，来人肯定不会错。签约之后，索内斯迫不及待地向各路媒体介绍了他的"救命稻草"："阿里·迪亚和维阿一起在巴黎圣日耳曼踢过球，去年在德乙效力，我们会给他机会在训练里证明自己。"

不过在日常训练里，事情却好像有点不太对路子。用俱乐部头号球星勒蒂希埃的话来说："这个球员以试训的身份参加了五人分组对抗，却好像一直故意躲着球，当时我就在想这个水平能踢英超简直就是笑话。"

在场边观察训练的索内斯也起了点疑心，于是安排他先去打一场与阿森纳的预备队比赛，结果大雨后场地积水太多，比赛被迫取消。按理说没有经过实战检验的纸老虎，见多识广如索内斯者肯定

阿里·迪亚在比赛中

不会就这么莽撞地把他排进比赛阵容，可偏偏前锋连倒三个，除了勒蒂希埃连个替补都找不出。

实在没人可用的索内斯在南安普顿与利兹联的英超联赛之前纠结了半天，最后还是把阿里·迪亚放进了替补席。无巧不成书，勒蒂希埃开场不久便受伤，索内斯看了看板凳，大手一挥把"维阿的表哥"派上了场。

你看，现实世界里就是有个叫作 lucky 的超能力。

有请南安普顿的"上帝"勒蒂希埃再次发表专业评论："我受伤时看到他起来热身，差点就想咬着牙坚持下去。后来实在没办法，只能坐在场下看着他'表演'。结果他不知道自己踢的是个什么位置，跑起来还像只溜冰的小鹿斑比。"

勒蒂希埃的描述其实并不夸张。在英超这种高水平的职业球员对抗里，阿里·迪亚彻底暴露了自己就是个野球选手，甚至还不是踢得好的那种。

首先，作为一名前锋的他不断跑出禁区，队友在左路进攻他就跑到右路，队友在右路进攻他就跑到左路。也许……这就是传说中的无球跑位能力？

其次，难得几次碰到球的机会，他的处理不是射门绵软无力，就是停球三米远变成一次传球。也许……这是英超首秀过于紧张？

最后，每次和对方后卫发生身体对抗时，他的脸上都会带着充满无助的惊恐表情，内心"哎哎哎你们千万不要传球过来啊"的独白几乎就要喷薄而出。作为职业球员，这就实在说不过去了。

结果可想而知，忍无可忍的索内斯在80多分钟用宝贵的第三个换人名额把他替换下场，球队也以0：2输掉了那场联赛。2000镑的薪水到手，踢英超的稀有成就解锁，你猜接下来会发生什么？阿里·迪亚在比赛的第三天突然"失踪"，他给俱乐部留下的唯一一份离别礼物，是酒店尚未付款的一份账单……

索内斯和南安普顿终于发现此事有鬼，但碍于面子决定打碎了牙含着眼泪吞。不过这种劲爆的题材，怎么可能躲得过神出鬼没的英媒法眼？很快，大批记者变成了福尔摩斯。

有人采访了维阿，这位米兰前锋一脸蒙："什么，我给南安普顿打过电话?"有人接着爆料,阿里·迪亚确实在德乙踢过球,但是一共就踢过两场比赛随即消失,疑似也是骗来的经历,至于什么大巴黎、国家队通通都是鬼扯。还有人做了深入调查,不只是南安普顿,"维阿"还把自己这个表哥推荐给了西汉姆联、考文垂和吉林厄姆,但他们的主帅要么直接挂掉了电话,要么就是在试训后很快就让他卷铺盖走人。

唯一付出真心真意的,只有索内斯和南安普顿……这一字一句,都是心头的 1 万点暴击。

先别急着捶地,这故事还有后续。若干年后,神通广大的英媒挖掘了阿里·迪亚后来的人生轨迹。

第一,他加盟了英格兰的第 7 级别联赛俱乐部盖茨黑德,据说还因为"英超出场经历"混了个全队头等薪水。然而一个赛季 8 次出场后原形毕露,紧接着再次与俱乐部失联。

第二,他后来进入诺桑比亚大学读书,最后还拿了个经济学学位。

第三,记者找到了他在塞内加尔的父母,两位老人骄傲地展示了儿子在美国旧金山州立大学拿到的经济管理硕士学位证书,但很多人说这个证书其实也是假的。

第四,报社接到了自称是阿里·迪亚本人打来的电话,说他在美国读完硕士之后来到卡塔尔工作,现在在伦敦定居,希望记者不要再打扰他和家人的生活。

第五,说到他的家人,他的儿子后来在法国第三级别联赛效力，有英国媒体追过去问到阿里·迪亚当年的神奇事迹，这位年轻人笑着说："这些都是我老爸当年做的，和我没什么关系。"

如今网络高度发达，英超的商业化和专业程度也越来越高，阿里·迪亚的故事几乎没有再复制的可能。因此这些年在媒体诸如"英超历史 ×× 大水货"的评选里，阿里·迪亚始终都能高居首位。

从某种角度来说，这其实也挺传奇的。

什么，曼联首发了 12 个人？

各位观众大家好，欢迎收看欧洲冠军联赛 2000—2001 赛季 1/4 决赛第二回合的一场焦点比赛，拜仁慕尼黑坐镇主场迎战曼联。虽然首回合拜仁客场以 1∶0 取胜占据了先机，但我们都知道曼联拥有着强大的实力和逆转的基因，绝对不容小觑。

你看他们的赛前合影球星云集，前排从右往左分别是斯科尔斯、加里·内维尔、巴特斯和约克，后排分别是基恩、韦斯·布朗、斯塔姆、西尔维斯特、吉格斯、巴特、安迪·科尔和……和……

对不起，您哪位？等等，怎么这个首发阵容合影好像有 12 个人？

没错，真的有 12 个人。这第 12 个人也不是弗格森的失误或者特殊安排，而是一个名叫卡尔·帕威尔的"球场闯入者"。

曼联首发"12 人"的合影

现在提到球场闯入者，球迷们可能都不会陌生。他们闯入球场的理由千奇百怪，比如为了和偶像进行亲密接触，或者带有某些政治目的，甚至有过高空跳伞不慎落入球场的意外。但作为第一个以"球场闯入者"身份出名的先驱者，卡尔·帕威尔有着自己的一套独特理论。

首先，他认为这种行为的本质是给大家带来欢笑的行为艺术，不应该带有复杂的目的性。其次，他表示自己对参加比赛的运动员有着十二分的敬意，绝对不会打扰正常的比赛流程。

比如在那次欧冠事件里，其实内维尔在合影前已经发现了他，但他对着内维尔说："加里，闭嘴。我做这事是为了我的偶像坎通纳，等会儿我就自动消失。"此时众多记者已经摆好架势亮起了闪光灯，曼联球星们只好回到位置，留下了上面那张尴尬但不失礼貌的"首发 12 人合影"。

拍完照片之后，帕威尔如约一溜儿小跑离开了场地，赶在安保人员反应过来之前混入人群，最后居然安稳地在看台上欣赏了整场比赛。一战成名之后，他在接下来的两年多时间里闯入了各种体育赛事，并且始终坚守着"不打扰比赛正常进行"的信条。

英格兰与澳大利亚的国家队板球比赛，他在休息时出现在内场，扮成球员向观众们挥手致意；舒马赫在 F1 英国站银石赛道夺冠，他在颁奖仪式正式开始之前先行一步站上了领奖台，短暂过了一把车王的瘾；在蒂姆·亨曼参加的一场温网比赛前，他抢先出现在场地内，还来了几下像模像样的发球。

身为铁杆曼联球迷的帕威尔自然也没有放弃自己的主队。2003年 4 月的一场"双红会"开赛前，他出现在老特拉福德的场地中央再次混入了曼联首发阵容的合影。而且与上次孤军奋战不同，这回居然自带了一整个亲友团。不仅如此，帕威尔的一个朋友还戴上了模仿迭戈·弗兰发型的假发，另一个朋友脱下曼联球衣后里面是一件印有杜德克名字的利物浦门将服。两人用"空气足球"重现了上半赛季双红会里杜德克扑救失误、弗兰点球轻松破门的过程，这种嘲讽死敌的表演还引来了梦剧场的集体掌声。

这下，帕威尔彻底成名了。他出了书，讲述了自己是如何装扮成电视台工作人员，又是如何事先规划逃跑路线的。他也上了电视，说这种行为艺术就是自己的人生梦想，他还会继续为观众们带来自己的"魔术"表演。

再然后，帕威尔收到了来自多个有关单位的书面警告。曼联警告他，你已经被俱乐部禁止入场了，再有企图混进老特拉福德，一经发现立刻扭送警局。法院通知他，你的行为涉嫌扰乱公共安全，先准备交罚金，再犯就准备吃牢饭。

一代传奇，就此落幕。

然而，一个帕威尔怂了，好多个不怕死的后辈站了起来。其中动静最大的，就是后来臭名昭著的"吉米蹦"。这个西班牙人原名吉姆·马奎特，是巴塞罗那的一个房产中介，也是一名业余的表演艺术爱好者。某天他去参加一次试镜，却被导演留下了"这辈子都不可能登上大银幕"的评价。心灰意冷的马奎特突然迸发了灵感，既然不能登上大银幕，那我就蹦进足球场。

帕威尔"退役"的几个月之后，马奎特第一次蹦进了正在进行比赛的诺坎普。虽然很快就被安保架出了场，但还是成功地登上了报纸头条。他头戴红帽的形象给人们留下了深刻的印象，从此得名"吉米蹦"（Jimmy Jump）。

尝到了出名的甜头之后，"吉米蹦"在接下来的 10 年里蹦进了各式各样的球场。但与帕威尔不打扰比赛的原则不同，"吉米蹦"不仅总是在比赛进行途中突然闯入，而且还怎么吸引眼球怎么来。

在 2004 年欧洲杯葡萄牙与希腊的比赛里，他冲入球场把一面巴萨队旗砸在了菲戈的脸上。

在亨利与巴萨绯闻不断的时期，他闯入阿森纳的比赛里又把巴

这是"吉米蹦"最出名的"表演"之一

萨队旗披到了亨利的身上。他两次闯入西班牙国家德比的赛场，先后想让小罗、埃托奥、梅西、C罗等球星戴上自己标志性的红帽子，不过他只在埃托奥和梅西身上成功了两次，其他球星都表示了拒绝。他还闯入了阿根廷国家队的一场比赛，不仅把红帽子套在了阿圭罗的头上，还实施了强吻。2010 年南非世界杯，他又想把红帽子套在大力神杯上，结果被彪悍的安保人员当场擒获。

此外，他还冲入过雅典奥运会花样游泳、F1 和法网等各类体育赛事的场地，几乎每一次都打乱了比赛的正常进行，甚至很多时候身上还带着赞助商的广告……简直就是花样作死。所以，你猜"吉米蹦"的最终结局是什么呢？

他丢掉了原来的房地产中介工作，先后被累计罚款 28 万欧元，这个数字他可能一辈子都付不完。无奈之下，"吉米蹦"向西班牙法庭申请了破产。最近这些年，他以在餐厅洗盘子等零星打工为生，每个月的一半收入还要按照破产协议上交给法庭。

　　活该！

纸片人也能当球迷

各位观众大家好，欢迎收看 2010—2011 赛季意大利足球乙级联赛的直播，本场比赛由深陷降级区的特拉斯泰蒂纳主场迎战力争升级的帕多瓦。你看意大利不愧是足球强国啊，就连次级别联赛的球市都这么火爆。特拉斯泰蒂纳的主场座无虚席，球迷们都在为主队加油呐……

哎等等，怎么好像有哪里不对。这些球迷怎么好像通通都是海报画像？

讲述这件奇葩事儿之前，我们先来简单了解一下特拉斯泰蒂纳。这是一家成立于 1918 年的意大利老牌俱乐部，1929 年首次打入了意甲，并且在顶级联赛一待就是 30 年的时间。20 世纪 50 年代末他们不幸从意甲降级，此后半个多世纪再也没能升回去。让我们来数一数他们百年历史里获得的荣誉：一座意乙联赛的冠军奖杯，没了。

然而，这家长年混迹于低级别联赛的俱乐部，主场居然是一座容量达到 34148 人的无跑道专业足球场。这又是怎么回事呢？

首先，这是因为他们坐落于人口达到 20 万的意大利边境城市的里雅斯特。不要小看 20 万人口，威尼斯这座国际著名城市的人口其实同样只有 20 多万，意甲劲旅紫百合所在的佛罗伦萨其实也就 30 多万人。也不要小看的里雅斯特，这里因为独特的地理位置是日耳曼、拉丁和斯拉夫文化重要的交汇点，曾经是亚得里亚海沿岸最重要的港口和经济中心之一，没少引起过意大利和奥匈帝国、南斯拉夫之间的领土纷争。理论上，还是有市场的。

其次，意大利当年拿到 1990 年世界杯主办权时，的里雅斯特市政府摩拳擦掌也想成为承办城市之一。于是，他们在 1987 年拿出了 1000 亿里拉的巨款（折合约 5000 万欧元），开始修建这座当时在意大利很少见的专业足球场。那可是 30 年前啊，你想想现在意甲才有多少不设跑道的专业球场？

在的里雅斯特人的心里，先承办个世界杯壮壮声势，然后全力支持特拉斯泰蒂纳升回意甲参加"小世界杯"。这座球场物尽其用，当地足球事业的未来充满着玫瑰色的希望。但是，现实却很快打碎了他们的美梦。

在意大利世界杯的申办城市竞争中，他们落选了。伤心的里雅斯特人没了赶工的动力，直到"意大利之夏"硝烟散尽的两年后，这座球场才姗姗来迟完工交付。而这座球场也并没给特拉斯泰蒂纳带来好运，搬入新家的球队看不到丝毫升级的可能，反倒是球迷越来越少、财政越来越差，两年之后破产清算被直接降入了第五级别联赛。

于是，这座以当地足球名宿命名的内里奥·罗科球场，在接下来的几十年里变成了一家低级别联赛俱乐部的主场。除了意大利国家队偶尔来这里踢国际比赛时还有点人气之外，其他时候冷清到球迷喊两句加油都能听到回声。

但特拉斯泰蒂纳俱乐部还在努力。他们从 1994 年开始努力地一步步往上爬，始终没有放弃过重回意甲的梦想。1995 年升入意丁，2001 年升入意丙，2002 年升入意乙，却总是踏不出关键的最后一步。长达 8 年的时间里，特拉斯泰蒂纳都只能混迹于意乙，还是看不到任何升级的希望。噩梦重新袭来，在此期间，意大利社会和足坛的整体经济情况越来越差，他们又陷入了越穷实力越差、越差球迷越少的恶性循环。

到了 2010—2011 赛季，球队的赞助商终于忍受不了每场比赛门可罗雀的惨淡找上了门。他们扬言，如果特拉斯泰蒂纳找不到改善球市的办法，就要终止一切合作协议。这也可以理解，毕竟金主爸爸们给赞助费的目的是增加看到广告的人，而不是球场上比人还多的海鸥与麻雀。

俱乐部管理层开了一个又一个会，抓破一个又一个头，还是想不出什么可行的新办法。此时，一个机灵鬼脑袋里闪过一道闪电，想出了文章开头的那个办法：观众不够，纸片来凑。

特拉斯泰蒂纳的发言人后来是这么对媒体解释这事的：你看啊，我们用人山人海的海报覆盖了空荡荡的看台，一方面让球员们产生了众多球迷为其呐喊的错觉，另一方面还增加了赞助商品牌在电视转播里的曝光率。一箭双雕有没有？两全其美对不对！我们接下来的计划，就是在已经有纸片人球迷的基础上再在现场播放助威广播，从而给球员和电视观众带来声光电的全方位虚拟体验！

等等，你一个连当地球迷都不愿意看现场的意乙球队，能有什么电视曝光率啊？再者说，你确定人们在电视里看到五毛钱特效的虚拟观众，不会把旁边的品牌一起当成一个茶余饭后的笑话吗？

两个月之后，赞助商挥了挥衣袖和特拉斯泰蒂纳说了声拜拜。2010—2011赛季结束时，他们以意乙倒数第三的身份降入了丙级。又过了一年，俱乐部迎来了历史上的第二次破产清算，而且这次重组后只能从第六级别联赛从头打起，比头回破产时跌得还惨。

此外，其实在看台上设置纸片人球迷还不仅是这家意乙球队的专利。在2014年的日本J联赛里，大宫松鼠曾经也饱受球市低迷之苦。他们不仅主场上座人数在整个联赛稳居倒数第一，客场跟队的球迷往往只有20—30个人。于是某天比赛时，人们在看台上惊讶地发现了一群特殊的纸板球迷。

这些球迷有的"身穿"主场球衣，有的选择了客场和门将球衣，甚至在带头人面前还像模像样地摆了一个鼓。日本媒体把这事戏称为"疑兵之计"，不过实际上这并非大宫松鼠俱乐部的官方行为，而是他们的球迷实在看不下去球场太冷清自己加的戏。

大宫松鼠球迷自发找来的"同伴"

然而故事还是走向了一样的结局：那个赛季打完，大宫松鼠也降级了。如果我们用今天的眼光回头来看：看起来，纸片人球迷不是什么好兆头啊！

穿着一身黄，红牌罚出场

这次奇葩故事的主角是：吉祥物。

说起来，吉祥物在足球世界也是一道靓丽而欢乐的风景线，尤其是在英国那片足球文化最为深沉的土地上。比如，世界杯历史上第一次出现吉祥物就在 1966 年，东道主英格兰折腾出了一个名叫威利的小狮子。不知道是不是这个吉祥物真的带来了吉祥运，三狮军团史上首次也是到目前为止唯一一次拿下了世界杯的冠军。

在俱乐部层面，吉祥物的历史那就要悠久得多了。而在漫长的足球历史里，英格兰各家俱乐部的吉祥物有得是各种欢乐新闻。

曼联历史上第一只吉祥物是"金丝雀迈克尔"。那个年代，球队吉祥物基本都是活体动物，然而这个迈克尔根本就不是金丝雀，而是一只鹅。后来这只鹅在某年平安夜意外失踪，不知道上了哪个球迷的圣诞餐桌。

利物浦虽然一直在用利物鸟作图腾，但始终没有官方认定这是吉祥物。到了 2012 年，他们终于后知后觉地随大流搞出了一个具象化的实体产品，球迷们现场一看的同时也把口水流到了胸口：这不是昨晚刚见的小龙虾嘛！

此外，吉祥物最主要的工作内容就是活跃场边气氛，但这个气氛活跃起来很容易就过火上头。

比如德比郡的吉祥物大鱼变身食人鱼，在英冠联赛的中场休息间歇把一名俱乐部工作人员生吞活剥，最后吐出了个衣着和脑袋一样光亮的男子。亲，你是想让场边的孩子留下童年阴影吗？

又比如斯旺西和狼队的吉祥物在场边想来场 WWE 式的格斗表演，结果越打越真，不只打掉了头套还干翻了来拉架的保安。还比如富勒姆的吉祥物在中场休息时本来想来段霹雳舞助助兴，结果越跳越兴奋，越兴奋越停不下来，最后导致下半场延迟开球被红牌罚下。

但在同属于英国的另一块土地上，还有家俱乐部的吉祥物居然因为站在场边什么都不做，就被红牌罚出了场。来，先让我们来认识一下故事的主角：苏格兰球队邓巴顿。

这支球队的吉祥物是一只大象。这只大象每场比赛都会来到场边为球队加油助兴，深受当地球迷尤其小朋友们的喜爱。但在 2005—2006 赛季的苏格兰甲级联赛里邓巴顿主场迎战雷斯流浪者的比赛里，球迷们却突然发现主裁判在开场 10 分钟之后吹哨暂停比赛，然后跑到场边掏出一张红牌，把他们心爱的吉祥物罚出了场。

什么情况？它骂人还是打人了？又或者它在场边 High 过了头做出了什么奇葩举动？不，它啥也没做。10 分钟的比赛时间，它就静静地站在那里当了个普通观众，然后就吃到了一张"莫名其妙"的红牌。

邓巴顿从教练到球迷全都困惑无语，想让裁判给出一个说法。裁判很快就对判罚做出了官方解释：谁让它穿了一身黄。

好吧，我们来详细解释一下。邓巴顿主场球衣的主色调是一身黄，客场球衣则以白色为主。理论上，吉祥物会和主队同步选择同一件球衣。但在与雷斯流浪者的那场联赛里，客队的两套球衣都有黄色元素，邓巴顿为了避免混淆，赛前临时换上了客场那套白衣。然而吉祥物同学并不知道这件事情，依然穿了一身黄。

为了避免拜仁球星蒂亚戈一脚痛快分边、准确找到前插圣诞老人那样的悲剧，主裁判才把穿着与客队黄衣过于接近的邓巴顿吉祥物罚出了场，这才诞生了可能是史上最"低碳环保"的一张红牌。

后来，邓巴顿充分吸取了这张红牌的教训，从此以后大象吉祥物在场边再也没穿过衣服。这样的改变或许还真带来了一些好运气，时隔多年他们的这只吉祥物再度登上了当地报纸的头条，但这次已经不再是逗比"悲剧"，而是真真正正的喜剧。

2020 年 3 月，大象吉祥物的扮演者珍（没错是个女孩子）在比赛前向自己相恋多年的男友送出了惊喜。俱乐部工作人员拉起了"鲍勃你愿意娶我吗"的横幅，男方给出肯定答案，两人在围观群众面前送出深情一吻。

不过，一次站着不动被红牌罚下、一次赛前惊喜求婚，两上头条的邓巴顿大象仍然不是苏格兰足坛最知名的吉祥物。

这是因为，还有支球队帕尔蒂克在 2015 年搞了个新吉祥物，一经推出立刻引来了全球各路体育媒体的争相报道。没办法，谁叫这个神似病毒细胞的样子实在是太让人一言难尽了……

吉祥物的世界，没有最夸张，只有更奇葩。

只因生在 17 日，他就被球队解雇了

　　今天的主角，是最近几年终于回到英超球迷视线的利兹联。当年，这支拥有着达科特、大卫·巴蒂、费迪南德、伍德盖特、维杜卡和阿兰·史密斯，青训营里还养着米尔纳、伦农和罗宾逊的青年近卫军一路杀入了欧冠四强，整个英格兰都着迷于他们的天赋和拼劲。若干年后波切蒂诺带着球衣颜色相近的热刺强势崛起，也被人们看作当年那支"白玫瑰"的 2.0 升级版。

　　大家都知道，当年那个 1.0 版的利兹联后来因为财政问题一落千丈，在低级别联赛沉沦了很多年。但你可能不知道的是，因为穷，这家俱乐部后来闹出过许许多多的奇葩事件。比如在 2014 年 7 月，结束休假的门将帕迪·肯尼刚回到球队，就得到了俱乐部管理人员传达的上峰指示："收拾收拾东西吧，你被解雇了。"

　　一脸蒙的肯尼追问俱乐部与他解约的原因，得知这是此前收购

俱乐部的新老板的意思。好吧，一朝天子一朝臣，老板可能有心仪的教练，教练可能有钟爱的门将，这在足坛倒也不是什么新鲜事。不过，执意追问到底的肯尼最终得到了一个让人惊掉下巴的解释："那啥，你的生日是 5 月 17 号对吧？咱们这个新老板说 17 这个数字太不吉利，让你趁早走人。"

Excuse me？就因为这个？没错，就是因为这个。下面，先让我们来认识一下这位神奇的新老板。这位新老板名叫马西莫·切利诺，是一位来自意大利撒丁岛的玉米大王，身上有着意大利富商的所有特征。他随时随地戴着一副雷朋的飞行员墨镜，喜欢把羊毛衫宽松地绕在自己脖子上，烟酒瘾都很大，桃色绯闻一箩筐，人生信条基本可以用两个词语来概括：Rich & Cool。

切利诺最喜欢的东西有两样。一个是炒教练，此前他们家拥有着意大利俱乐部卡利亚里，22 年间他换了 36 个教练，谁叫他这么 Rich。另一个是玩音乐，哪怕已经年近花甲，尽管早就腰缠万贯，但他每到周末一定要去自己的 Maurilios 乐队弹吉他，就是这么 Cool！

切利诺最讨厌的东西也有两样。这第一样，就是数字"17"。在意大利的部分地区，17 确实被视为一个不祥的数字。

坊间传言有以下两个版本：第一个，是说古罗马人的墓碑上经常会刻有"VIXI"的拉丁语碑文，意思是"我曾经活过"。而在意大利人后来使用的罗马数字里，17 写作"XVII"，和上面这个拉丁语过于接近，有点像是"我已经死了"的意思。

最爱组乐队的切利诺

　　第二个，还真跟足球有关。1986 年世界杯，意大利在 6 月 17 日的 1/8 决赛输给了法国；1990 年世界杯，身穿 17 号球衣的多纳多尼罚丢点球让他们止步半决赛；1994 年世界杯，巴乔那张落寞背影的经典画面又是发生在 7 月 17 日。

　　所以，出生在讨厌 17 的撒丁岛地区、又是一个狂热球迷的切利诺，对这个数字简直恨之入骨。恨到什么程度呢？在卡利亚里当主席的时候，他把球场内所有的 17 号座位通通改成了 16B。来到利兹联以后，他看完所有球员的出生日期，然后发现了肯尼这个 17 号出生的"倒霉蛋"。于是，这位老门将只能默默收拾行囊，以自由转会的形式去了博尔顿。

切利诺最讨厌的东西之二，就是紫色。原因不明，不知道是不是和佛罗伦萨有什么关系……当这两种迷信碰到一起会发生什么呢？还是在执掌卡利亚里期间，切利诺在公开场合曾经多次表示，要求所有球迷在每个月 17 号的比赛里一定要穿着紫色衣服来看球。

道理其实很简单：负负得正。

这么一位迷信、偏执、炫酷、控制欲爆棚的老板，最终为利兹联带来了什么呢？他在上任之初曾经许下了这么一番豪言壮语："我不是什么无所事事的主席，不是那种只会打个领带吃顿烤肉就回家的老东西，我就是为了当可以控制一切的老板来的。我的目标也很简单，很快你们就能重新看到利兹联重新成为欧洲足坛顶尖强队。"

然而几年之后，别说欧洲顶尖了，我们连利兹联重返英超都没有看到。

一方面，他尽可能的缩减日常开支。球员训练要自带便当，俱乐部不提供午餐；训练之后要付费清洗球衣和球鞋，不想掏钱请自己带回家洗。这待遇……哪里像个英冠的职业球队。

另一方面，他从英甲和英乙低价淘了一大堆不知名的草根球员，指望能从里面发现几个瓦尔迪或者坎特。可问题是，要是瓦尔迪那么常见，还凭什么成为励志偶像呢？

英格兰球迷对待这位"疯子老板"的态度可想而知，不断有球迷通过拉横幅和游行示威的方式希望他走人。2017 年，很不受球迷待见的切利诺最终卖掉了所持的利兹联股份，回到自己的祖国买下了布雷西亚。而这距离他成为利兹联的老板，才过去了短短三年。

经历了英伦之旅的失意，切利诺会不会有所收敛呢？答案显然是否定的。布雷西亚俱乐部此前退役了两个球衣号码，一个是罗伯特·巴乔当年穿的 10 号，另一个是 2002 年因为车祸去世的维托里奥·梅罗当时穿的 13 号。而在切利诺买下俱乐部之后，17 号也迅速"消失不见"了。

幸运的是，布雷西亚的一线队里并没有谁出生于某个月的 17 号，否则多半也会落得和肯尼一样的下场。此外，2017—2018 赛季切利诺又双叒叕先后炒掉了 4 名教练，一切都还是熟悉的感觉。看起来，未来布雷西亚发生的奇葩事儿肯定也是少不了了……

球场也有同步巧合

不知道有多少人还记得，2018 年有过一个叫作"荣格心理原型测试"的东西刷爆过朋友圈。当时我也跟风去做了测试，结果可谓又惊又喜。惊的是作为荣格和弗洛伊德这对相爱相杀忘年交的小迷弟，我很确定这个"内外人格的 12 原型"及其测试方法和荣格并没有太直接的联系，只是后人在他集体潜意识理论上的跨越性延伸。喜的是，测出来好像还真的有点准……

不管这个测试和荣格的理论有多大的联系，反正大腿一抱肯定是倍儿有面儿。毕竟，咱们现在熟悉的"人格面具"、"中年危机"等热词，其实都出于这位瑞士心理学家之手。而在荣格提出的一系列理论里，我最有兴趣的内容叫作：共时性。

共时性（synchronicity），指的是一系列有意义但没有因果联系的同步巧合。听不懂没关系，我来举两个例子。第一个，晚上梦到的事情第二天就发生了。第二个，说曹操曹操到！这个理论揭示了主观和客观世界的特殊联系，在心理学方面可以用来……对不起，我好像偏题了。

让我们说回足球。其实在足球世界里，也有一些非常有意思的同步巧合。这些巧合可能没有太大的意义，但是——很好玩。

第一个故事，发生在"遥远"的1966年。那一年，英格兰在本土首次举起了世界杯冠军的奖杯。而作为一支历史悠久的老牌球队，切斯特当时正徘徊于英格兰的第四级别联赛。当时在队内，有这么两名球员：雷·琼斯和布莱恩·琼斯，两人没有任何的血缘关系。说实话，一支球队里有两个同姓的球员并不奇怪，前两年外国球迷说不定以为中国人全都姓张，武磊加盟时的西班牙人队内有5个洛佩斯。

真正有意思的在后头。这两个琼斯身高都是185cm，而且场上位置踢的都是中后卫。于是，切斯特当时的比赛里经常会出现这样的情况："琼斯把球传给了琼斯，琼斯停球失误被抢断，琼斯补防过来成功解围，并且示意琼斯不要放在心上！"

这也并不算稀奇，更有意思的来了。在那个赛季切斯特与奥尔德肖特的一场比赛里，中后卫又出现了"琼斯组合"。上半场一个琼斯左腿骨折，被送进了医院。下半场另一个琼斯右腿骨折，又被送进了医院。赛后在同一间医院的同一间病房，两个琼斯就这么上演了令人泪下的重逢桥段：怎么又是你？

不过，期待这次缘分会让两人成为好基友的朋友们可能要失望

两个琼斯的病床重逢

了，布莱恩那个赛季打完就离开了球队，深受球迷喜爱的本地人雷三年后也转会去了朗科恩哈尔顿。两个琼斯劳燕分飞，再也没有聚首过。

说完两个琼斯，接下来向大家介绍两个张伯伦。没错，第二个故事的时间线就在近些年。2014—2015赛季，阿森纳这家俱乐部同时拥有两个张伯伦。什么，你说作为一个资深"枪迷"都不知道？那是因为——其中一个在女足。

那个赛季，阿森纳签下了出道于切尔西的英格兰女足国门西沃恩·张伯伦。球迷们在调侃"张伯伦居然还能打门将"的时候，猛然发现这两个人竟然真的有着千丝万缕的联系。

第一，女张伯伦出生于 1983 年 8 月 15 日，男张伯伦出生于 1993 年 8 月 15 日。同月同日，正好相差十年。

第二，女张伯伦因为队内已有 1 号，所以选择了自己出生那天的 15 号球衣，而男张伯伦在阿森纳穿的就是 15 号。

两个张伯伦的同步巧合

第三，女张伯伦身高 180cm，男张伯伦身高也是 180cm，和前文那俩琼斯一样保持了身高的统一。不过因为男足和女足的区别，他俩踢的位置自然并不相同。

第四，女张伯伦小时候本来练的是体操，后来阴差阳错改行踢了足球。男张伯伦上学时差点就选择了英式橄榄球，是南安普顿的教练强行阻止了跨行的挖角，才把他吃饭的家伙从手改成了脚。

种种巧合在网上被发掘出来之后，阿森纳俱乐部电视台还特地采访了他俩。结果他和她分别问遍了自己所有的亲戚长辈，确定他们之间没有任何血缘关系。更有趣的是，两个张伯伦的巧合还没有结束。

2015年，在阿森纳得不到什么机会的女张伯伦离开了球队，加盟了一支默西塞德的球队，名字叫利物浦。后来的故事你们都知道了，男张伯伦两年后同样"离厂参军"，使得利物浦在2017—2018赛季也拥有了两个张伯伦。

说起来，我第一次看到这俩人的故事是在2016年，当时我还跟一个利物浦球迷朋友边喝咖啡边开玩笑：哥掐指一算，张伯伦未来定会加盟你军。只可惜面对面吹嘘没办法截图，否则后来不知道能骗多少赞。

为了不重蹈覆辙，我决定在这里再立一个flag。2018年，合同到期的女张伯伦没有得到利物浦的续约，于是她加盟了一支刚刚成立女足的新球队，名字叫：曼联。

所以说……哎哎哎，利物浦球迷你们有话好好说，把手里的家伙先放下来……

爱到深处，非疯即狂

你身边对于足球最狂热的家伙是什么样子？每个周末的 3 点 45 分已经变成了生物钟？每天的心情起伏完全和主队战绩保持同步？为了看球翘班翘课翘女朋友生日？上面的这几种当然都足以让人敬佩，但论起狂热程度他们还是要比南美球迷低上一大截。

就拿巴西老牌强队科林蒂安的死忠群体来说，球场放烟火只是开胃小菜，赤裸上身满城游行才是赛后常态，画风几乎随时可以无缝连接《速度与激情》等各种爽快电影。当然，足球流氓行为真的不值得提倡，大家千万不要学。那么在法律和道德允许的范围内，这些狂热球迷对主队的爱最多能达到什么程度呢？

可以用这么一句经典台词来形容：生是科林蒂安的人，死是科林蒂安的死人，就算埋到坟堆里，那也是科林蒂安的尸首！

这话并不只是夸张的修辞。2014 年，科林蒂安官方宣布要建一个世界最大的球迷公墓，整个墓地呈球场造型，最多可以容纳7万人。如此一来，死忠们去世之后也可以和球队永远守在一起。除了球迷之外，他们还动员队内的球员和已经退役的名宿，希望他们去世后也能葬入这里。还有些已经仙逝的，俱乐部开始劝说他们的后人能不能集体迁个坟。

不仅如此，这个球迷公墓有着不同价位的高、中、低三档。高档可以安葬在球星旁边，从此朝夕相伴。中档可以葬在点球点或者门柱等特殊位置，彰显尊贵地位。哪怕是低档，也可以在包括棺材覆盖队旗、特制队徽花圈、队歌现场配乐等内容的全套殡葬业务里打个折。

你猜效果如何？这项业务一经公布还真的受到了死忠们的热烈欢迎，俱乐部的热线电话被彻底打爆，销售预期非常喜人。可惜球员和名宿不太给面子，与殡葬公司的合作也出了点岔子，这个球迷公墓至今还没有建成。但不管怎么说，科林蒂安的死忠们对于球队的狂热由此可见一斑。而且，这份狂热放眼世界足坛并非独此一家，球迷公墓的点子其实也不是科林蒂安的原创。

2006年，由于狂热球迷偷偷把亲人骨灰撒向糖果盒球场草皮的现象屡禁不止，因而阿根廷博卡青年建成了世界上第一个球迷公墓。这块墓地可以容纳3000人，300个位置留给官员和球星，另外2700个以500—900美元的价格卖给球迷。一经推出火速售罄，现在想要摇个号都没机会。

2008年，同样是由于有球迷提出了想把骨灰撒在球场的申请，汉堡建立了欧洲的第一个球迷公墓。尽管单人墓地标价 8000 欧元，定制棺材另需 2350 欧元，哪怕骨灰盒也要 370 欧元，但"坐落在西看台背面"、"你甚至可以永远感受到比赛的进展"、"仅有 500 席"这样的宣传用语一出，很快就引来了数千人的疯抢。

2012 年，另一支德甲球队沙尔克 04 也推出了俱乐部的官方公墓。这块墓地仿造了费尔廷斯竞技场的外形，而且可以居高俯视不远处球场的全貌，一共 1904 个墓位象征着俱乐部成立于 1904 年。接下来的故事你大概已经可以猜到了：价格很高，包括管理维护费在内每 25 年要交 5406 欧元；销量很好，前几期一经推出都在 7 天内售完了。

而在英格兰，埃弗顿虽然没有球迷公墓，却有着更加贴近球队的方式。过去的很长一段时间，埃弗顿都向会员提供着这样的殡葬服务：将您的骨灰埋在球场草皮的四周，然后将名字刻在主场的纪念石板之上。也可以这么说，整个古迪逊球场同时也是一座巨大的球迷公墓，从各种意义上来说都是名副其实的"骨灰级"球场。不过，由于球迷热情太高、容量实在不够，埃弗顿于 2004 年 6 月停止了这项服务，转而向支持者们推荐球场附近的圣路加教堂。

这种"死了都要爱"的忠诚，你觉得算不算最极致的热爱？

说完了队迷，咱们接着来看看人迷的狂热。接下来要出场的，是一位名字叫尚塔的伊朗裔丹麦小伙。之所以我没有说他的姓氏，是因为他姓——罗纳尔多。

难道伊朗或者丹麦也有罗纳尔多这个姓？事实并非如此，这是他为了自己的偶像C罗特地改的姓氏。而且改个姓还不算什么，他还开始钻研各种细节，让自己全方位更接近偶像的样子。

他照着C罗的照片买衣服，照着C罗的节奏变发型，甚至照着C罗的五官化妆。也有媒体爆料他进行了多次整容，但尚塔自己始终否认这一点。自娱自乐够了之后，他开始不断从丹麦飞往西班牙，只为了见到当时还在皇马效力的偶像。最夸张的一次，尚塔下飞机直奔训练场然后等了6个小时，合了张影随即返程飞回了丹麦。

见到了C罗之后，尚塔对于偶像的崇拜愈发夸张。他开始延长自己逗留在马德里的时间，每天去伯纳乌餐厅吃饭等待C罗的出现，跑去停车场和C罗的车合影，甚至想让自己变成C罗本人。

他让所有的亲人和朋友都喊自己"克里斯蒂亚诺·罗纳尔多"，妇女节时他在自己的推特发了张C罗母亲的照片并配文"妈妈祝你节日快乐"，并且进一步展开对偶像的Cosplay。C罗在比赛里皱眉嘟嘴怒吼，他就在推特皱眉嘟嘴怒吼；C罗晒个午餐，他就赶紧找个地方摆拍；C罗晒出和迷你罗的合影，他就找来自己的弟弟凑个数。

不过，一个10多岁少年的面貌变化肯定比30多岁的C罗快得多。说他像C罗的人越来越少，吐槽他蹭热点的人越来越多，尚塔终于开始发现：想要变成C罗，光是Cosplay肯定是不够的。

于是，这个少年终于踏上了追求足球梦想之路。他先去皇马一个分支训练基地进行了试训，然后就没有然后了；他又去洛杉矶银河的二队进行了试训，然后还是没有然后；他再去西班牙接受了一个教练培训，这次终于成功拿到了基层青训教练的执照。等等，"骚年"（少年）你是不是哪里跑偏了？

2019年，他在自己的社交媒体上添加了这样的介绍：丹超球队欧登塞的梯队球员，以及当地一家业余俱乐部艾勒索的U8教练。虽然现在已经不再复制C罗的一切，但我们依然很少看到他晒出自己踢球的样子，也无从得知上述身份的真假。不过通过偶尔出现的"教练视频"，可以看出他还是有点基本功的。

这个以模仿C罗踏入足球圈的少年，还有希望实现自己的足球梦想吗？

足球圈的"简历整容大师"

　　每个人在生活中可能或多或少都遇到过简历造假这档子事儿，毕竟大部分人的经历也就那么多，不在重点项目上"化个妆"，或许很难在求职者里脱颖而出。当然也有"整容"整到极致的，估计爹妈看了之后都会问上一句：这是谁家的孩子，我怎么不认识？

　　其实在足球圈，这样的情况并不少见，比如前面章节说过的那个阿里·迪亚。可能有的球迷会说，那都是在资讯还不发达的过去，现在网络和数据这么普及，还有球员敢强行往自己的脸上贴金吗？下面，有请波黑神人前锋桑迪·萨赫曼登场。之所以说他是神人，不是因为他的球技有多么出神入化，而是源于 2017 年出现在网络上的一个视频。

　　视频的开头，是 CCTV4 的《中国新闻》节目。片头之后，主持人开始播报关于"中国导弹试验"的新闻，不过在这时右上角的小窗里突然出现了萨赫曼很有球星风范走进某座体育场的画面。

你可能已经想要吐槽，导弹和足球的混搭是个什么鬼。先别急，这还远远不是视频最精彩的部分。画面一转，萨赫曼走进了体育场内部，在记者的跟拍下和疑似某俱乐部高层的人握了手，并且在球场上展现了离门 3 米射门中柱的"绝技"，一切看起来都像是官宣视频的样子。

但细心（其实不细心也行）的中国球迷很快就发现，这段视频里有三个奇怪的地方。

第一，他走进的这座球场，上面横幅写的是"2016 年中国足协女子超级联赛"。第二，视频的下方有两个 logo，左下角的"中国足球协会"表示我为什么是繁体字，右下角的"中国电信"表示这又关我啥事？第三，视频此时响起的中文配音就更加迷幻了："加拿大将主办 2012 年女子足球世界杯，我们届时相信本国会掀起足球运动热潮。但事实上受到英国的影响，足球早在上个世纪初就已经成为本省最受欢迎的体育运动，而温哥华中华学生足球队则打破种族歧视等障碍，以高超的球技……"

真相随之浮出水面，这其实就是一个自编自导加上山寨混剪的"包装"视频，试图营造出他与中国某支球队签约的假象。虽然咱们看起来到处都是疑点，但是人家外国人不懂复杂的 Chinese 啊！

这个视频制作完毕之后，很快被萨赫曼亲自上传到了 YouTube、各大足球数据网站以及自己的个人官方网站里。没错，他居然还有个人官网。

萨赫曼个人官网放出的"皇马青训营"照片

在官网里，写满了他"显赫"的足球经历。首先，他作为球员出道于德国联赛系统，在伊拉克、沙特和伊朗等国联赛里都取得了成功，曾经入选过"伊拉克超级联赛半程最佳阵容"，被媒体誉为"伊拉克伊布"，还有土超球队重金邀请他加盟。其次，还不到30岁的他已经成为皇马在欧洲超过30个青训基地的主管，主要负责数据分析、发掘球员和门将训练。最后，他还在中国足协负责职业化开发，在南京足协负责青训管理，在新疆足协负责前锋和门将训练，以及在北京体育大学担当客座讲师。

不仅如此，萨赫曼还在一些转会和足球数据网站上偷偷编辑了自己的资料，润饰了整个球员生涯，还将其 2017 年的状态修改成了"新疆天山雪豹足球俱乐部预备队球员"。也正是因为他的这一修改吸引了管理员的注意，才最终引发了这位"包装大师"的曝光。

随后，媒体深挖出了萨赫曼真实的人生经历：出生于德国汉堡，代表 FC 叙尔特踢了 3 场石勒苏益格—荷尔斯泰因足球联赛（德国第五级别的业余联赛），2016 年加盟伊朗球队阿瓦士独立，但是没有得到过任何一次出场机会。同年底来到中国，通过"德中青少年足球交流与促进协会"被介绍给了北京体育大学，再被介绍到了新疆 U17 足球队，成为"德国教练组"成员之一。

其他的内容，通通都是自己编的，方式方法参见上面那个视频。

被媒体曝光之后，萨赫曼清光了自己在各大足球网站和社交平台上传的所有资料，关掉了自己的个人网站，从而选择在足球圈"人间蒸发"。不过一年之后，我惊讶地发现他的个人网站又重新上线了。虽然没有了那个奇葩的官宣视频，但作为皇马青训营主管、新疆 U17 足球队教练的新闻报道和视频依旧存在。

你们猜，这位"大神"什么时候能找到下一份工作呢？又是哪个国家的哪个倒霉俱乐部会签下这样一位身兼前锋、教练、演员和导演的多样化人才呢？

你想要的"石油爹"，兜里只有50块

21世纪，足坛进入金元时代。切尔西、曼城、巴黎圣日耳曼等球队在外国资本的支持下迅速崛起，很多球迷都在期盼石油爸爸收购俱乐部之后挥洒支票买买买。

在这股呼啸而来的财富浪潮里，曾经也有一家西班牙俱乐部看起来即将成为西甲版的新曼城，那就是来自马德里自治区的小球队：赫塔菲。

2011年4月，赫塔菲官方宣布，俱乐部将出售给来自阿联酋的皇家迪拜集团。双方召开了盛大的新闻发布会，一位迪拜统治者马克图姆家族的酋长与赫塔菲主席安吉尔·托雷斯签署了确认协议，握手、合影、举球衣，一切看上去都充满梦幻。

在那次发布会上，酋长提出了收购赫塔菲之后的三步走计划。

第一步：他们将以9000万欧元收购俱乐部的全部所有权，并且在当年夏窗再砸 1 亿欧元去转会市场买人。作为回报，要求赫塔菲的队名和队徽里都加上迪拜字样，改叫"赫塔菲—迪拜之队"。要知道那一年曼城买下阿圭罗不过花了 4500 万，你想想 1 亿是个什么概念。

第二步：他们给球队提出的短期目标是三年内必须打入欧冠，做不到怎么办？简单，那就继续砸钱买人。

第三步：他们给球队提出的长期目标是十年内全面超越皇家马德里。这里面还包括一个小的三步计划，先是阵容身价超过皇马，再是每年的联赛稳压皇马一头，最后是俱乐部的营收也要把皇马甩在身后。皇马表示：那啥，我到底招谁惹谁了……

这个爆炸性的新闻发布会立刻就点爆了欧洲足坛。从西班牙的《马卡报》、《每日体育报》到英格兰的《卫报》、BBC……几乎每一家体育媒体都作了专题报道。那段时间，所有赫塔菲球迷都在网络上横着走，霸气侧漏地开始谈论"你说我们是买马塔还是纳斯里呢"，或者"听说帕斯托雷和皮亚尼奇都不错，干脆一起囤吧？"

没办法，哪怕发布会上那什么三步走太浮夸，可毕竟背后站的是迪拜皇室啊！作为阿联酋一哥的阿布扎比已经把曼城快要带到英超冠军了，有了知名度更高的迪拜撑腰，和皇马巴萨凑个西超三巨头还不是手到擒来？

于是，赫塔菲球迷开始了短暂而耐心的等待。根据当时公布的收购计划，皇家迪拜集团将在当年 7 月完成收购并且支付全款，接下来就是雄赳赳气昂昂地迈进转会市场。然而两个月之后，他们等来的消息却是一则警方通报：涉嫌参与赫塔菲俱乐部收购诈骗案的头目胡安·巴塔拉落网。

这是什么情况？

蜂拥而上的媒体冲向警方，很快就挖出了案件详情。真实的故事其实是这样的：巴塔拉是一个7人诈骗团伙的头头，他们在西班牙境内谎称自己是各种中东资本的代理人，想要为石油金主在西甲和西乙寻找投资目标。这伙人忽悠过多家俱乐部，一开始的目标只是赚点差旅和招待费。

轮到赫塔菲之前，他们累计骗到了7000欧元。万万没想到的是，赫塔菲主席托雷斯一听说有土豪要来收购他的俱乐部股权，立刻喜笑颜开地送上了一份大礼："这里是2万欧元佣金，请你们一定要把这事办妥。"

巴塔拉的团伙很快就开始推进收购赫塔菲的"项目"，他们把托雷斯请到迪拜，参观各大景点尝遍各种美食，见了各式各样的"业内大佬"，包括开头所说的那位"马克图姆家族的酋长"，然后开了那场惊天动地的新闻发布会。

然而就在赫塔菲等待来自迪拜的巨额投资期间，一家来自加泰罗尼亚的低级别联赛俱乐部向警方报案：他们一年前向巴塔拉支付了2000欧元的佣金，对方答应迪拜方面会为俱乐部和当地企业投资500万欧元。说好的一年到了，什么钱都没见到。

加泰警方迅速出击，抓捕了巴塔拉的诈骗团伙。而就在警方发出通告的时候，赫塔菲主席托雷斯还在地中海一个小岛上悠闲地度假，做着自己即将入账好几千万欧元的美梦。

警方后来进一步公布了案件详情：这个所谓的皇家迪拜集团根本就不存在，托雷斯受邀去迪拜的所有开销都是在他自己给骗子的那2万欧元里面出的。哦不对，理论上对方在此之前还投入了高达50欧元的成本：雇佣了一个在迪拜餐厅当服务员的巴西人，让他打了个电话给托雷斯谈合作，并且假扮成酋长参加了那场新闻发布会。

有家西班牙报纸由此写了个充满讽刺的新闻标题：《估值50欧的皇家迪拜集团收购赫塔菲失败！》

不过话说回来，其实赫塔菲在这次收购诈骗里只是丢了面子，并没有太大的直接损失。巴塔拉在发布会之后要求他们先往自己的账户里打200万欧元的服务费，并且保证会在收购完成后退还。托雷斯这时留了个心眼，坚持要在拿到收购金之后再打款，一直就这么拖到了对方落网。

而且此后的好几年，托雷斯一直都努力在媒体上找补自己的面子："我们当时谈的比起收购更像是赞助……"，"虽然中介是骗子，但我们仍然向来自阿拉伯的资金保持开放态度……"，"我后来又去了迪拜好几次，他们知道这事，并且有意将错就错……"，"我还在给赫塔菲寻找财团支援，相信我，明天会更好……"

只不过，赫塔菲到了2023年仍然没有等来迪拜或者别的"石油爸爸"，托雷斯先生也仍然是俱乐部的主席以及拥有99.14%股份的大老板。

"赫塔菲—迪拜之队"，已经从一场美梦变成了一个经典的笑话。

人在家中坐，讣告天上来

2018 年 11 月的某个周二晚上，费尔南多·拉富恩特结束了一天的辛劳，正躺在家里的沙发上开开心心地打着游戏。突然电话响起，打来的是自己在公司的同事。

话筒对面的人带着颤抖的声音问道："嘿老兄，你还……活着吗?"拉富恩特一脸茫然，脑海里各种灾难片和平行宇宙的电影情节交叉而过之后，好不容易才听懂了慌张的同事究竟想说些什么。总结起来就一句话：网络上和电视上都在说他出了车祸，不幸身亡。

让我们从头开始梳理一下剧情。

拉富恩特是一个西班牙人，来到爱尔兰读了大学并留下来工作。为了缓解自己在异国他乡的孤独感以及解决融入问题，他像很多同胞一样，选择了加入当地的业余足球队。你知道的，足球一向都是跨越文化隔阂的全球通用语言。

从2018年1月开始，他效力的球队名叫巴利布雷克（Ballybrack FC），参加的是伦斯特高级联赛。这联赛名字听上去虽然很高级，但实际上就是爱尔兰的一个半职业与业余地区联赛，在整个国家联赛金字塔里位于3—12级。

巴利布雷克就是一支在业余联赛中上上下下浮浮沉沉的球队，其主要成员平时都是大学生和普通"社畜"。大家白天读读书搬搬砖，晚上偶尔训一下练，到了周六踢一场联赛，大概就是这个样子。

不过，拉富恩特只为巴利布雷克踢了2017—2018赛季的后半程，以及2018—2019赛季的开头。作为一名业余球员，他离开球队的原因自然不可能是转会，而是找到了一份新工作。这份新工作职位高、薪水翻倍，唯一的问题是要从他现在居住的首都都柏林搬到另一座城市戈尔韦，从东到西差不多横穿了整个爱尔兰。

当然，这对大部分单身"社畜"来说根本就不算什么问题。拉富恩特开开心心地搬了家，挥别了自己短暂效力的俱乐部，开始了升职加薪的愉快生活。

但他的老东家巴利布雷克那段时间的日子却不太愉快。倒不是成绩不好，实际上他们当时在上半程始终排在积分榜前三位，升级在望。也不是因为"西班牙外援"拉富恩特的离开影响了球队的实力，业余球员的技术差异基本上也就那么回事。

真正的问题在于——那段时间除了拉富恩特，还有几名大学生退队读研、几名社会人士因为各种各样的家庭和工作原因请了假。人员严重不齐，基本上每场比赛拼拼凑凑到 11 人都是极限，替补什么的根本别想了。

这种事情在业余球队并不少见，人数不够临时弃权认领 0—3 的剧情几乎每个周末都会在欧洲各种低级别联赛上演，甚至还有一些休战一年甘愿 0 分降级的情况。可是巴利布雷克心有不甘啊，他们今年势头非常不错，升级的希望怎么能被小小的缺兵少将磨灭呢？

于是，在 11 月最后一个周六的比赛日，实在是凑不齐人的巴利布雷克某位管理人员灵机一动，早上起床后给联赛主席大卫·莫兰打了个电话："我们队内有个西班牙球员叫费尔南多·拉富恩特，他周四晚上在前来参加球队训练的路上不幸遇到了车祸，失去了自己年轻的生命。"

听到这个"噩耗"的莫兰很快就做出了反应。他通知了巴利布雷克本轮比赛的对手阿克洛城，对方立刻同意取消当天的比赛，双方择日重战。巴利布雷克的"阴谋"到这里已经得逞了。

但故事远没有结束。出于内心的善意和工作的职责，莫兰将这一消息通过邮件告知了整个爱尔兰联赛系统的上下级各个部门，并且也通知了联赛里的其他球队。很快大家自发行动起来，在社交媒体上为拉富恩特的"去世"表示了惋惜。

不仅如此，还有很多爱尔兰球队都在周六的比赛开始前，自发为拉富恩特举行了双方默哀。

等到周末过去，相关的新闻报道和拉富恩特的照片开始出现在网络和电视上，甚至有个别都柏林当地的爱超球队都发表了哀悼声明。

这一切，远远超过了始作俑者的最初预想。恍惚间，他接到了来自莫兰的电话，询问葬礼的时间与地点，表示"爱尔兰足球系统也想尽点绵薄之力"。骑虎难下的这位老兄推托说："拉富恩特的遗体已经运回西班牙了。"

这么快？这样的说法引起了莫兰的怀疑，他和同事们给都柏林的警察局和各大医院都打了电话，发现上周根本就没有这样的车祸记录，更没有一个叫这个名字的遇难者。所以，在拉富恩特从同事那里听说自己"去世"新闻的当天，爱尔兰足协已经向巴利布雷克发出官方质询，要求他们给个说法了。

这件事最后的结局是，那名"机智的"巴利布雷克管理人员被球队开除，并且从此禁止参加任何足球活动。俱乐部收到了来自足协的严重警告和通报批评，但因为诚恳认错没有受到扣分或者降级的进一步惩罚。

可能也有一部分原因，是来自"受害者"拉富恩特的大度。他第二天接受电视台采访时是这么说的："我不会怪他们，毕竟我也没受到什么伤害，这事还挺好玩的。而且之前我在球队踢球的时候，队友们对我都很好，还经常接我上下班。"

"不过我突然想起来要尽快打个电话给家人，不然等他们在西班牙看到这个消息，估计要吓得不轻。"

三、光鲜之外，球星们的另外一面

弃门扑鸭的拜仁门神

贝皇与克圣居然是养猪同好

搭讪选错对象，职业生涯全丧

怒火之下的队友互殴

拒绝皇马曼联，去等世界末日

不想转会，他把主席锁在厕所

拒交赎金，球星被倒吊悬崖

你到底有几个奶奶去世了？

那些被足球耽误的牌桌高手

库尔扎瓦的"被逆转"宿命

世界冠军的玄学内核

那些球星合同里的奇葩条款

弃门扑鸭的拜仁门神

2019 年，那个每年评选金球奖的权威媒体《法国足球》发了一篇文章，叫作《足坛历史门将 TOP 10》。我把排名结果转到了一个微信群，有个看过不少年球、但不怎么熟悉德甲的朋友突然问我："雅辛、班克斯、佐夫、布冯等等我都认识，这个叫 Sepp Maier 的第 7 名是谁？既然是德国门将，这个位置为什么不是卡恩？"

我本想狠狠嘲讽他一顿，但脑海里突然想起了一个 8 年前的小故事。当时是 2011 年年底，我坐火车从慕尼黑到巴黎。在曼海姆转车后百无聊赖，恰好发现邻座一个德国人正在聚精会神地看着报纸上的足球新闻。抱着打发时间的心态，我用英语试着和他攀谈了起来。更巧的是对面一个来自英国的壮汉也是狂热球迷，于是我们仨就经历了一场长达两小时、从天南扯到地北、极其神经病的足球漫谈。

其中有一些互相吐槽的对话，我到现在都印象很深。

英国人："我是曼联球迷，我妻子也是曼联球迷，我们就是在老特拉福德认识的。我们红魔布拉布拉布拉布拉……"德国人："等等，红魔？你们在英国的时候说说红魔也就算了，到了这里，请记住只有我们的拜仁才是真正的红魔！"英国人满脸无奈，德国人露出了调侃的坏笑。

此后话题七绕八绕，有一段时间开始讨论起各个位置的历史最佳。

我说："门将肯定不用讨论了，只能是雅辛。"英国人："不，是

迈尔和他的队友

班克斯！"德国人："不，是塞普·迈尔！"英国人："谁？迈尔？迈尔……是谁？"这次换成德国人一脸黑线了。

不过，英国人很快就解释了自己只是开个玩笑。他当然认识迈尔，知道这是德国历史上的头号门将，也知道迈尔收获了几乎所有集体荣誉。但他仍然坚持，迈尔远远不如雅辛和班克斯这样的最顶级门神，理由是："作为一个拜仁和德国门将，他真的太闲了。"

我点了点头表示赞同，旁边的德国人欲言又止，随后陷入了一阵尴尬的沉默。看起来，这个论点他真的很难反驳。嗯，接下来就让我们来看看迈尔究竟能"闲"到什么程度。

如今说到很"闲"的拜仁门将，球迷们肯定会想起那个一会儿冲出禁区解围，一会儿冲到中线组织进攻的"门卫"诺伊尔。

我们都知道，诺伊尔之所以能这么踢球，一方面是因为他拥有足够的扫荡能力和脚下技术，另一方面也是由于拜仁和德国国家队强大的整体实力，经常可以把对手长时间压制在半场之内。

然而老前辈迈尔就没有这么幸运了，受限于当年的战术思路和门将职责，哪怕他的队友再强大、后防再无聊，他大多数时候也只能孤独地守着自己的一亩三分地。于是，迈尔在为西德以及拜仁守门时，经常只能自己找点事儿来打发打发时间。

第一个故事发生在 1972 年的欧洲杯。那届杯赛里西德拥有着一套堪称队史最强的阵容，锋线有进球机器盖德·穆勒，中场有各种进攻才华横竖都溢的内策尔，后防有回撤的"足球皇帝"贝肯鲍尔，此外还有布莱特纳、海因克斯、赫内斯等一系列现在如雷贯耳的名字。而他们的门将，就是塞普·迈尔。

这样的豪华阵容从预选赛一路赢到决赛顺利夺冠，而且一路走来几乎都是砍瓜切菜。

——官方最后的赛事 11 人最佳阵容里，西德占了 7 个，最佳门将……自然不是迈尔；

——最后与苏联的决赛他们 3∶0 完胜，创下了欧洲杯决赛的最大分差，这个纪录直到 2012 年才被西班牙打破；

——比分完胜也就罢了，西德在决赛里居然没有进行任何换人调整，因为场面太过轻松，根本就没那个必要。

不仅如此，那场决赛的上半时西德几乎一直把苏联按在后场各种爆捶，简直就像训练里的半场演练。本队球门后方的《图片报》跟队记者就和迈尔一样无聊，于是开始数起了这位门将的"数据统计"，赛后还发在了报道里。

而这个统计的结果是：迈尔上半场一共数了 3 次看台上有多少面国旗，6 次在本方进攻时号召球迷欢呼，5 次向身后喊他名字的球迷竖起了大拇指，3 次蹲下来整理鞋带，扑救 0。赛后迈尔读到了这篇报道，并亲自做出了回应："你们还想我怎么样？我没分神发呆就不错了好不好？"

顺带一提，40 多年后，还是《图片报》记者在 2017 年海因克斯回归执教的首秀里数出了一个"5 次庆祝进球、5 次愤怒发火、跳了 25 次以及站立了 46 分钟"的数据统计。以后谁再跟我说德国人不苟言笑，我就把这段话直接拍他脸上。

让我们说回迈尔，上面这个"欧洲杯决赛数据统计"还不是他最神奇的事迹。更牛的第二个故事，发生在他代表拜仁出战的一场德甲联赛里。当时的德甲处于拜仁和门兴的双雄争霸期，其中拜仁更是在 1972 年到 1974 年实现了联赛三连冠，以及 1974 年到 1976 年的欧冠三连冠。虽然偶尔也会有意外翻车，但大部分时候他们都是在德甲横着走的。

比如，在 1975—1976 赛季与波鸿的比赛里，拜仁压着对手轻轻松松就取得了稳固的领先优势。队友们在前场热热闹闹，自己在后方闷到长草，迈尔又一次开始寻找消遣的玩意儿。无巧不成书……一只鸭子此时大摇大摆走进了拜仁的禁区。

作为门神怎能让这货如此放肆！万一之后因此意外丢球了怎么办！反正我不是为了消遣打发时间！一心守护本方球门的迈尔开始用轻快的步伐限制对手的走位，直到把它逼到了场边。紧接着，以身手矫健、反应迅速被赠予"灵猫"外号的这位门神做出了一个非常舒展的扑救动作——扑了个空。

前场的拜仁球员本来正在努力打入更多的进球，突然听见整个球场响起了雷鸣般的掌声和笑声。他们环顾四周，才发现压根儿就没有观众关心球在哪儿，所有人都在看着迈尔扑鸭子。这本是一场并不重要的普通联赛，却因为迈尔的这次扑救彻底写入了德国足球的史册。

若干年后，拜仁官网在总结球队历史时将这事称为"咱们队史最烂的一次扑救"。《踢球者》在诺伊尔加盟拜仁后列出了"成为门神他还需要做到的事"，清单里赫然有一项叫作：学会扑鸭子。再然后，诺伊尔去拍了一个可口可乐公司的广告，换上和迈尔当年一样的球衣手套再戴上同款的假发，结果真的扑到了鸭子。喂喂，这究竟是一个什么样的民族？

心疼迈尔，他为拜仁贡献了一整个球员生涯，是俱乐部和国家队历史最伟大的门将之一，却永远和"鸭子"这个梗绑在了一起。更让人心疼的是，虽然他集齐了世界杯的冠亚季军和欧洲杯的冠亚军，手上还握着4座德甲、4座德国杯、3座欧冠、1座欧洲优胜者杯，在影像记录里留下了无数身手矫捷的神扑，却始终因为"队友太强、自己太闲"在各种评选里被牢牢压在差不多同时代的佐夫身后，综合性的个人荣誉更是少得可怜。

我想，他一定很羡慕身在曼联的德赫亚。

贝皇与克圣居然是养猪同好

　　我和几位足球圈的朋友曾经深入讨论过这么一个话题：谁是足球史上最强的"人生赢家"？我们从齐达内倒着往上数，比较了一个又一个传奇的高峰低谷。等到出现了贝肯鲍尔这个名字……OK，话题完结。

　　当球员时，他先后拿到了德甲三连冠和欧冠三连冠，欧洲杯冠军亚军各一次，世界杯前三名包了个圆。在个人荣誉方面，金球奖两次第一、两次第二、一次第三，世界杯最佳新人和最佳球员都有入账，德国足球先生更是拿到手软。

　　当教练时，他初出茅庐就接手了西德国家队，然后打了两届世界杯，一冠一亚。后来跑去拜仁救了两回火，分别拿下德甲和欧联，挥挥衣袖深藏功与名。

　　当高层时，他先是和赫内斯、鲁梅尼格组成三巨头打下了拜仁连续盈利的基础，然后以德国足协副主席的身份参与了青训复兴，再作为 2006 年世界杯组委会主席为全世界呈现了精彩的"德意志之夏"。

鲁梅尼格说："拜仁永远不会忘记他作出的贡献。"海因克斯说："德国足协应该在总部门前为他竖一座雕像。"人们叫他"足球皇帝"，而他在球员生涯里也有一个旗鼓相当的对手，那就是被称为"球圣"的克鲁伊夫。

克圣踢球时代表阿贾克斯拿到了 8 个荷甲冠军，同样有欧冠三连这样的霸业。转会巴塞罗那之后，他第一个赛季就帮助球队拿下

贝肯鲍尔和克鲁伊夫在世界杯决赛相遇

西甲。退役后，他把荷兰足球全攻全守的概念带到了巴萨，不仅带领"梦一"拿到西甲四连冠和队史首个欧冠，更是搭建了此后俱乐部足球哲学的框架。

贝皇与克圣，既是半辈子的对手，也是一辈子的朋友。贝肯鲍尔的欧冠三连，正是打破了克鲁伊夫那支阿贾克斯对欧洲足坛的统治。而他俩在1974年世界杯决赛里的那次巅峰对决，更是被视为足球史上极少出现在决赛的"王者之战"。

但很少有球迷知道，他俩除了足球之外，还在第二战场上找到过共同话题。而这个第二战场，就是：养猪。

先踏入这条河的是克鲁伊夫。说起来，克圣真的是个桀骜不驯的天才。他吐槽过世界顶尖的几位高尔夫手，说他们挥杆动作不够科学；他骂过阿姆斯特丹市议会，因为市区红绿灯设置不够合理；他还在荷兰女王接见国家队时脱口而出："咱们国家税太重了，您能下令减个税吗？"

用他自己的话来说："思想层次比别人高其实也挺累的，因为你要不停地和其他人解释，他们到底是哪里不对。"

这份天才的傲气在1978年达到了极致。因为与荷兰足协的矛盾，原打算参加世界杯的克鲁伊夫在开赛一个月前突然宣布：对不起，我退役了。而被人问到原因，他的回答更让记者们把刚刚捡起的眼镜又跌碎了一地："踢球踢够了，我要去养猪。"

其实，小时候家境贫寒的克鲁伊夫一直在寻找长期增收的机会。就在宣布退役的不久之前，他和妻子在巴塞罗那遇到了一个名叫米歇尔·巴西莱维奇的商人，然后有了下面这段对话。

巴西莱维奇：我这有个赚大钱的项目，你有没有兴趣？

克鲁伊夫：（将信将疑）先说说看是什么项目。

巴西莱维奇：养猪。

克鲁伊夫：（激动不已）好啊！

为什么会这样？因为对于一个荷兰人来说，养猪几乎是个无法拒绝的诱惑。这个以围海造田登上各种教科书的国家，地势低洼的地方不太适合种植农作物，经常被当地居民拿来养猪。20世纪中叶开始，荷兰的"猪口"逐年上升，最后几乎追上了全国的总人口，养猪等于致富变成了社会共识，就连咱们中国的养猪大会还曾经集体学习过荷兰养猪业的先进经验。

就这样，克鲁伊夫开始不断把积蓄投入了养殖业。然而短短几个月之后，这个商人竟然就把投资消耗殆尽，还看不到任何的回报。等到政府找上门索要前几年踢球的税钱时，克圣才发现自己的钱包彻底瘪了。于是离宣布退役还不到一年的时间，克鲁伊夫宣布复出前往美国踢球。

而在那里，他见到了一个老熟人：贝肯鲍尔。

起初，克鲁伊夫加盟了贝肯鲍尔效力的纽约宇宙，两位大佬一起踢了几场商业比赛。但后来联盟禁止"巨头抱团"，克圣只能先后去了洛杉矶阿兹特克和华盛顿外交官。不知道是不是因为这次相遇，贝肯鲍尔在退役后担任拜仁高层、偶尔当当救火教练的同时，也搞起了相同的副业。不过和克鲁伊夫不同，贝肯鲍尔在这项事业上还迈入了一个新的台阶：让猪踢球。

不不不，我说的并不是部分球迷恨铁不成钢的吐槽，而是真的让猪来踢球。

20 世纪 90 年代，欧洲莫名兴起了一股猪足球队的热潮。英国先后成立了默西塞德猪队、尤斯顿猪联队、女王母猪队等等，甚至还搞出了个英格兰猪足总。德国也成立了一个猪足球联赛，其中最大牌的球队叫国际猪队，而老板就是大名鼎鼎的"足球皇帝"贝肯鲍尔。

这项运动是在塑料球里装一个滚珠，让球滚动时发出声响来吸引小猪互相抢球，最终把球送入对方球门。当时甚至有媒体这么预言：这项运动很快会风靡全球，并在 10 年后走向职业化。

然而 20 多年过去了，你们看到小猪踢球职业化了吗？

就像所有的伪需求和短热点一样，小猪足球队很快就变成了一场泡沫。不过在这场泡沫里，贝肯鲍尔又一次体现了自己的独到之处：他居然赶在热潮退去前把这支猪足球队成功卖了出去，只损失了一小笔钱。

真的给人生赢家跪下了！

搭讪选错对象，职业生涯全丧

文森特·佩里卡德一直觉得，自己会有一个完美的职业生涯。他1982年出生于喀麦隆，4岁时就跟随父母移居去了法国。6岁时，他加入了著名的圣埃蒂安青训营，并且在各级青年队都是进球如麻的超级前锋。在这家曾经走出过普拉蒂尼等足坛传奇的俱乐部，年轻的佩里卡德满心以为自己会是下一站的天王。

剧情一开始也是这么走的。佩里卡德如愿取得了法国国籍，开始代表各级别法国少年队和青年队参加国际赛事。1999年，17岁的他升入了圣埃蒂安一线队，并且为球队出场踢了两场联赛。这两场比赛都没有进球，但人们看到了一个灵性十足并且态度积极的妖人前锋。再加上他继续为青年队不断攻城拔寨，很多大牌俱乐部都抛来了橄榄枝。

在那个赛季结束之后，尤文图斯抢先一步挥舞着支票签走了佩里卡德。围观媒体纷纷发来贺电，法国电视台甚至为这个 18 岁的黑人小伙特别拍了一个纪录短片，名字叫《未来价值上亿的男人》。上亿什么的或许太过夸张，但在大多数人眼里，佩里卡德已经走上了前辈普拉蒂尼的那条康庄大道。

他自己也是这么想的。第一个赛季，他在青年队积蓄着力量。第二个赛季，他开始得到与一线队大牌球星们合练的机会，还在 2002 年 3 月对阵阿森纳的欧冠联赛里上演了尤文生涯的首秀。升职，加薪，成为国际球星，走上人生巅峰，一切似乎近在眼前。嗯，好像就差"迎娶白富美"了……

而那时的尤文，也是想把他往国际球星的路子上培养的。在训练场里，他是青年队教练和一线队教练共同重点鞭策的对象。在训练场外，俱乐部专门安排了一位面容姣好、身材火辣的女性家庭教师，为佩里卡德和其他两名法国球员一起补习意大利语，帮助他们更好地融入球队。等等，面容姣好、身材火辣、学外语……怎么好像有什么地方不对？

20 岁血气方刚的少年哪里见过这种阵势，佩里卡德转念一想：难道俱乐部这是要帮他把"迎娶白富美"也给安排了？心动不如行动，人生历来顺风顺水的他在某天上完课后，给美丽的家庭教师发了条短信，约她出去喝一杯，据说用词还比较露骨。

美女家教当时并没有回短信，但佩里卡德在一个小时之后接到了某个陌生号码打来的电话。当他按下接听键之后，对面是一个愤怒的男人嘶吼的声音："我是罗伯特·贝特加，你小子约我女朋友是什么鬼意思?"

佩里卡德的第一反应是蒙了,第二反应就是——完了。

罗伯特·贝特加是谁? 尤文名宿,踢球时拿过意甲最佳射手,因为射术精湛和半白的头发绰号"白羽毛"。退役后加入俱乐部管理层一路坐到尤文副主席,当时还刚刚接替弗洛伦蒂诺成为欧洲豪门俱乐部联盟G14的执行委员会主席。总之,在尤文图斯这是大佬中的大佬。找美女给佩里卡德他们做家教其实不是为了给小伙子解决人生大事,而是为了照顾大佬的私人关系。

第二天,贝特加把佩里卡德等三名法国球员喊到了自己的办公室,怒斥了他们不好好学外语、满脑子都是那档子事的幼稚想法。一个月之后,尤文图斯把佩里卡德租借给了英冠的朴次茅斯。尽管他在租借期有着不错的表现,也以主力身份帮助朴次茅斯升入了英超。但尤文还是再也没给过佩里卡德任何机会,2003年直接把他彻底卖去了英格兰。

从此,佩里卡德的职业生涯开始发生180度的调转。

2003—2004赛季,他先后遭受了大腿肌肉和十字韧带的严重伤病,基本没有为朴次茅斯踢过几场比赛,更没有任何联赛入球。伤愈后的他经过多次租借,2006年被俱乐部卖去了斯托克城。而在那里,佩里卡德也没能回应当年人们对他的期待,38次出场只打入了2粒进球,又被先后租借给了南安普顿和米尔沃尔。

尤文生涯的突然中止、连续的严重伤病和不断下滑的表现,使得佩里卡德的心理受到了严重的打击。这个原本自信满满的年轻人开始在训练结束之后把自己关在黑暗的房间里，不跟任何人说话，觉得自己毫无价值，甚至动过轻生的念头。2009年，他和斯托克城合约到期后开始辗转各家低级别联赛俱乐部，从英冠打到英甲再到英乙，30岁时以一个英格兰国家联赛（第五级别）球员的身份选择了退役。

佩里卡德的"悲剧"显然有很多方面的原因。足球世界里少年天才数不胜数，但最终真正走上巅峰的始终屈指可数。更何况如果他真有足够的竞技水平和心理承受能力，哪怕离开了尤文图斯也有重新踏入豪门的机会。但在佩里卡德退役后接受采访时，仍然坚持伤病只是自己没能兑现天赋的第二原因，第一就是那次找错了对象的搭讪："如果没有那条短信，我的人生肯定会完全不同！"

那么我只能说，可惜你当年学的外语不是中文，否则会有老师教你咱们这的一句古话："色字头上一把刀啊！"

怒火之下的队友互殴

2018 年，《阿斯报》爆出了皇马训练课中的不和谐一幕。在一个手抛球游戏里，那个赛季刚刚升入一队的青训小将雷吉隆不小心用肩膀撞到了队内大佬拉莫斯的鼻子。曾经有过两次鼻子骨折伤病史的水爷怒火攻心，抬起一脚就把面前的足球爆射到了雷吉隆的身上。队长的江湖地位摆在眼前，雷吉隆自然只能默不作声。然而还不解气的拉莫斯随后看见附近还有一个足球，故技重施又是一脚直中目标。当然，雷吉隆还是只能保持沉默，当作啥事都没有发生。

新闻爆出之后，各方舆论都指责拉莫斯简直就是"球霸"作风。面对质疑，水爷在社交媒体上公开表示："不管你们信不信，这种事在训练都是常态。但是我确实做错了，我道歉。不过重要的是整支球队继续团结起来共同战斗"，并且还特地 @ 了雷吉隆。小弟当然立刻跟上并且转发了这条推文，高喊："跟随队长的脚步不动摇，为实现皇马的霸业而奋斗！"

这事儿，就这么完美了结了。

其实，拉莫斯这话说的也没错。职业俱乐部的训练里少不了真刀真枪的身体对抗，万一有意无意过了点界，脾气火爆的汉子气血上涌说不定就挥拳相向。因此，我们不时能在新闻媒体里看到训练场内讧的消息。更有甚者，还有罗本和里贝里当年欧冠赛后在更衣室互殴，结果不打不相识反而惺惺相惜一路夺冠的"佳话"。

这些内讧基本上都发生在非公开场合，正式比赛里就算互有埋怨基本上也就是动动嘴瘾，那点小火花在集体利益面前很快就自生自灭了。但如果碰在一起的是两个火药桶呢？2005 年的一场英超联赛里，就有这么两个火药桶联手制造了足坛最著名的队友互殴事件。

第一个火药桶叫李·鲍耶。此君出道时打的是右前卫，慢慢因为脾气和球风都十分彪悍成为中前卫。巅峰时期进能攻城爆射，退可抢断犯规，传中头球什么的也都过得去。当年小贝英阿大战染红后，英格兰国内甚至涌起过一阵希望他取而代之的风潮。

不过，鲍耶在英超最出名的地方还不是球场，而是场外。效力查尔顿时，他和队友一起吸食大麻，被禁赛 8 周外加送到英足总组织的治疗课戒除毒瘾。转会利兹联踢上英超之后，他先是和两个发小大闹麦当劳殴打印裔员工，后是和伍德盖特等队友一起趁着酒劲追打亚裔大学生，导致对方鼻梁骨、下颌骨和肋骨等多处重伤。这案子前前后后审了 5 年多，虽然最终因为证据不足没有被定罪，但鲍耶"种族主义者"的帽子再也没有摘掉。

第二个火药桶叫基隆·代尔。代尔出道时踢的也是右边前卫，而且他速度更快、技术更好，所以还能换位到两翼边锋、前腰甚至前锋。连续两年入选英甲最佳阵容之后，他转会加盟纽卡斯尔，成为了备受期待的大英新星。在不少球迷和专家的眼里，他很可能成为贝克汉姆之后的下一个全民偶像。（贝克汉姆：怎么又是我？）

然而和鲍耶一样，代尔也不是一盏省油的灯。在老罗布森执教纽卡时期，代尔不想继续打右路，坚持自己更适合去打中路好以后在国家队接班斯科尔斯，为此不惜和老帅撕破脸皮拒绝为球队出场。而在场外，他同样也是花边小报最爱的英超球员之一。不过和鲍耶的暴力风格不同，代尔传闻不断的都是桃色花边。

当代尔和鲍耶在纽卡斯尔相聚时，很黄很暴力终于凑成了一对。一开始这两位还是相安无事的，虽然说不上心有灵犀，但多少也能互相投喂个助攻。不过伴随着纽卡战绩的不稳定，相互之间的不满开始慢慢积累。直到2005年4月，那场与阿斯顿维拉的英超比赛。

那场比赛里，纽卡队内的泰勒因为禁区内手球被红牌罚下，少打一人的他们也在比分上以0：3大幅落后，基本可以说是扳平无望。到了第81分钟，鲍耶在守转攻时跑过代尔的身边，对着后者大声吼了两句。根据后来媒体的爆料，他吼的大概是："前面我有两次跑出空位你看不到啊！就你这熊样还想当中场核心？"本来心情也很不好的代尔立刻做出了回应，大概意思如下："就你这龟速

代尔和鲍耶的"同室操戈"

和糙技术，传了又如何，还不如我自己来！"

针尖对麦芒，火星撞地球，奥特曼碰到小怪兽，两位老兄随即扭打成了一团。

这场面惊呆了所有球员和观众，见过场上斗殴的，谁又见过同一方阵营互殴的？反倒是对手阵中在本场比赛里独中两元的巴里率先冲了过去，首先架走了鲍耶。纽卡的后卫卡尔随后跟上，跑过去拉开了代尔。裁判终于反应过来，向这两位大打出手的队友双双送上"红宝石卡"。

可是上面这些还是没能让他俩冷静下来，鲍耶甚至在老前辈阿兰·希勒亲自劝离的过程中还想冲过去继续找代尔理论。而在离场之后，两人突然反应过来要去的是同一个更衣室，于是在球员通道里上演了单挑的第二回合。

比分 0 : 3 落后的最后十来分钟，纽卡是以 8 对 11 踢完的。幸好维拉发扬了不落井下石的高风亮节，不然这比赛估计就没法收场了。此等奇葩画面伴随着电视转播传入了千家万户，两位球员很快受到了来自四面八方的口诛笔伐。就算他俩第二天就在训练基地摆拍了握手言和的照片，但对纽卡、英超甚至足球这项运动所造成的打击已经无法挽回。

英足总对两人禁赛三场，纽卡俱乐部在此基础上对主动挑事并且率先出手的鲍耶又追加了四场停赛和罚款六周薪水。不仅如此，后来当地警方也因为这件事对鲍耶发起了破坏公共秩序的指控，最终让他缴纳了 600 镑的罚金，以及向代尔支付了 1000 镑的赔款。

这笔罚款，对于英超球员来说只是点小钱。可问题是，这次队友互殴事件不仅造成了极其恶劣的影响，也成为他俩职业生涯从此急转直下的转折点。鲍耶越混越差，留给英超球迷最深的记忆是此前保持着吃到黄牌的最多纪录；代尔变得比代斯勒还要迪亚比，说好的天赋再也没能兑现。有意思的是，两人后来双双转会西汉姆联，居然又有过一段队友孽缘。

若干年之后，亚洲杯上的伊朗和中超预备队比赛里的恒大都出现过类似的情况，也都带来了非常不好的影响。互殴一时爽，全队都遭殃，你说这又是何必呢？

拒绝皇马曼联，去等世界末日

1998 年世界杯里，有一场经典的英阿大战。

追风少年欧文的横空出世、贝克汉姆报复西蒙尼的那张红牌、阿根廷充满创意的任意球配合、因斯和巴特罚丢的点球……有太多传奇故事被球迷铭记，却没有多少人还记得阿根廷在点球大战里的最大功臣——那个门将叫什么名字。

他叫卡洛斯·罗阿。不出名的原因并不是因为实力不济或者昙花一现，而是——在皇马和曼联的邀请面前，他因为相信世界末日选择了退役。

来，让我们走进这段"传奇"故事。

罗阿可以说是少年成名。19 岁时，他就被提拔进了阿根廷竞技的一线队，并且很快就获得了首秀机会。南美门将固有的柔韧性加上超过 1 米 9 的"欧式"大身板，使得这个才华横溢的年轻门将在短短的一个赛季之内就打上了球队的主力，并且成为阿根廷联赛里冉冉升起的超新星。

闪耀出世，最后因为不自律走向没落的南美超新星看多了，你是不是以为罗阿身上也是一样的故事？不，不是这样，甚至可以说完全相反。

在罗阿刚刚成名的那段时间，有一件事情彻底改变了他的人生。20岁出头时，他跟着阿根廷竞技去了趟刚果，参加了一次国际足球邀请赛。这种比赛嘛你懂的，商业价值远比竞技作用大得多。比赛没啥可说的，关键是罗阿在刚果期间染上了疟疾。

在当地一家基督新教医院的精心照护下，病情一度很严重的罗阿很快就恢复了健康。患病期间的痛苦经历让他对人生有了新的感悟，等到出院时，这位年轻的阿根廷门将已经因为感激之情和耳濡目染变成了一个虔诚的新教徒。重点是，虔诚到了极致。

回到阿根廷之后，罗阿远离抽烟喝酒，成了一个拒绝吃肉的素食者，甚至再也不和任何人争吵，队友人送外号"生菜"。他一度想要直接退役去教会工作，但因为找到了别的服务方式留了下来。

这个服务方式叫：在球队开导他人。他无论是训练还是比赛，都会带着一本《圣经》前往俱乐部，看见任何有烦恼的队友都会主动开导，并且劝说对方也一起信教。很快，罗阿还在队友里找到了重点目标：给他打替补的第二门将冈萨雷斯。

冈萨雷斯是一个怎样的人呢？典型的南美浪子，洒脱、懒散，甚至不修边幅。他经常 happy 到很晚才睡，早上牙不刷脸不洗胡子不刮就跑来训练。罗阿实在是看不下去，于是决定帮他"回归正道"。

然而，冈萨雷斯对这样的劝解极其反感。第一次，他说："关你啥事。"第二次，他回："你信什么是你的自由，我不信什么是我的自由。"到了第三次，冈萨雷斯直接怼了句："你这叫宗教吗？这就是毒害人们的鸦片！"

竞技俱乐部对于两位门将之间的矛盾头疼不已，他们纠结半天之后做出了一个艰难的选择：把罗阿卖了。等等，为什么卖的反而是主力门将？坊间传言，这是因为竞技队很多高层和附近的一家天主教会关系密切。而天主教和新教的复杂关系嘛……大家都懂。

罗阿的下一站是当时的黑马球队拉努斯，而在拉努斯等着他的主教练是他的伯乐：库珀。库珀这人有个特点，不讲情面只讲状态，外号"冷酷铁帅"。正因为如此，他整个执教生涯都不喜欢那些比较张狂的超级球星，更喜欢低调的实力派。

自律到极点的罗阿，无疑完美符合他的标准。至于罗阿的信仰，库珀当时是这么评价的："无论是宗教还是个人爱好，那都是球员自己的事情，只要不影响比赛表现那就跟我没有任何关系。"事实也验证了铁帅的话。

——罗阿在拉努斯打出了统治级的表现，帮助球队成为联赛冠军的有力竞争者，还拿到了一个南美洲际赛事大陆杯的冠军。

——阿根廷国家队主帅帕萨雷拉当时也受够了南美大多门将的强烈个性，想要寻找一个谦虚且稳定的新国门。于是罗阿在1997年首次入选国家队，几乎立刻就坐稳了主力。

——同样是在 1997 年，库珀踏上了闯荡欧洲足坛的道路，拿起了西甲球队马洛卡的教鞭。而他力主的第一笔转会，就是把爱将罗阿也带到了欧洲。

接下来的两年，罗阿迎来了职业生涯的巅峰。1997—1998 赛季，库珀和罗阿帮助马洛卡以升班马身份杀入了国王杯决赛，不过在决赛的点球大战里遗憾输给了巴萨。1998 年夏天，他以阿根廷主力门将的身份参加了世界杯。法兰西之夏的小组赛三场零封，英阿大战扑出两粒点球成为取胜功臣，最后才在 1/4 决赛被博格坎普绝杀。

1998—1999 赛季，马洛卡先是在西班牙超级杯复仇巴萨拿到冠军，又在西甲里仅次于皇马巴萨拿到欧冠资格，还在欧洲优胜者杯里一路杀到决赛惜败拉齐奥。那个赛季，罗阿平均每 106 分钟才会丢 1 球，被西甲官方选为萨莫拉奖（最佳门将），还从尤文门神佩鲁济手里抢走了已经保持两年的欧足联年度最佳门将。

所有人都认为，罗阿已经跻身世界最顶级门将的行列，据说皇马、曼联、巴萨、尤文、米兰等一堆豪门都挥舞着支票要签他。然而他挥了挥手，说："不好意思，我要退役了。"

1999 年夏天，罗阿才 30 岁，对于一个门将来说这远远不到退役的年纪。他真正退役的原因，还是来自宗教信仰。但这次，不是因为基督新教。

在效力马洛卡期间，罗阿加入了一个新的教派：基督复临安息日会（据说是因为一名和俱乐部关系密切的牧师）。这是一个颇有争议的教派，甚至曾被部分宗教人士视为异端。

这个教派有很多特殊的地方。比如，他们遵守《圣经》中创世纪里神所设立的每一周的第七天（也就是星期六）为安息日，那一天必须休息。于是，罗阿在1998—1999赛季后期拒绝参加任何星期六的训练和任何比赛，专心祈祷。马洛卡俱乐部虽然很无奈，但还是决定答应这位明星球员的特殊要求。

又比如，他们认为到了"世界末日"，基督必定会显现来到世上，把圣徒接往天上建立新的世界，地球将在没有生命的状态下荒凉整整一千年。不过，具体的末日时间并不能确定。

1999年，该教派的大多数教徒都认为世界末日将在一年后到来。毕竟千禧年这一年份，从数学和玄学角度来说都实在是太特殊了。罗阿也是这么理解的。因此他在1999年夏天拒绝了一众豪门的邀请，毅然退役，开始隐居生活，希望利用"最后的时间"好好陪伴家人。

2000年已经过去20多年了，显然世界末日并没有到来。你觉得罗阿会后悔退役的决定吗？至少在后来接受媒体采访时，他说自己是绝对不后悔的。

记者："听说效力马洛卡时曼联想买你，还愿意给总计700万美元的薪水加奖金，你怎么能拒绝这么大一笔钱的诱惑？"

罗阿："钱不是生活里的全部，我不会为了700万美元把上帝卖掉，就是1000万美元也不会。"

记者："听说你宣布退役后，皇马愿意拿200万美元签字费重新请你出山，你又拒绝了他们？"

罗阿："我不光拒绝了皇马，还有另外两家豪门。在这个物欲横流的时代，钱简直成了万能物。我不能批判那些希望生活更好、渴望拥有一切的人，但我有做出选择的机会。"

记者："对你来说，足球和祈祷哪一项更重要？"

罗阿："我踢球是因为上帝的安排，但我从来都不喜欢足球，平时根本不看比赛。我只想要搬到一个安静的地方，种些水果与蔬菜，帮助周围的邻居，和家人朋友在一起。"

然而，现实并没能像罗阿想的一样顺利。因为世界末日没来，以及身上还背着马洛卡的合同，他在一年后半自愿半被迫地回归了球队。然而，久疏训练以及继续坚持周六不工作的原则，使得他再也没有恢复当初的神勇。

2002 年，坐了大半年"饮水机"的罗阿离开马洛卡加盟了西乙球队阿尔瓦塞特。刚刚找回状态，却在 2004 年被查出患有睾丸癌，这给向来以"健康生活"著称的罗阿造成了巨大的打击。手术后经过了长达一年的化疗与康复，他回到祖国球队奥林波结束了球员生涯。

回望罗阿的经历，你觉得到底是幸运还是不幸？以一般眼光来看，他的选择失去了扬名立万安富尊荣的绝佳机会。但子非鱼安知鱼之乐，谁又能断言这样不是反而能找到内心的平静呢？用他自己的话来做个结尾吧："我已经得到了我所有想要的东西——安静、与上帝的交流。无论过去发生了多少成功和遗憾，我都不能奢求更多的东西了。"

不想转会，他把主席锁在厕所

各位见多识广的球迷朋友们，肯定听说过不少球员闹转会的故事吧？比如那个谁，为了转会天天说自己受伤了打不了，国家队比赛日秒变生龙活虎。还有那个谁，训练场直接找人打一架，恨不得把想走的情绪就写在自己的脸上。至于什么罢训啊，出工不出力啊，控诉老东家不给自己往上走一档啊……但凡球员动了闪人的心思，这些通通都是常态，不足为奇。

那么，真正奇怪的是什么呢？是有的球员为了自己不走，也拼命闹上一闹。

在我们的印象里，俱乐部卖某个球员，但球员不想走，大概会有下面两种常规处理方法。第一种叫动之以情：我从爷爷的爷爷开始就是你们的球迷，割开我的心也流淌着红色／蓝色／白色／红黑／黑白／蓝黑的血，我生是这里的球员死是这里的名宿，就算挫骨扬灰我也要撒在球场见证咱们俱乐部赢得所有的荣誉！这种忠心可昭日月的，基本俱乐部也不好当面拒绝，多半丢两年板凳合同快到期再自然而然 say goodbye。

另一种则更加简单：耍赖。我在这吃好喝好薪水好，你们不用我还省了比赛的力气，就这么先把合同赖到期再说。等到自由身再加盟一支新球队，他们不用花转会费说不定还要给我多加点工资，岂不美哉！对于这种球员，球迷就算在网上骂翻了天，俱乐部也基本没什么好办法。

也有人选择了其他的方法，比如今天故事的主角：2017 年退役

效力尤文图斯时的蒂亚戈

的前葡萄牙国脚蒂亚戈·门德斯。这是一名先后效力过葡超、英超、意甲、法甲和西甲等各种顶级联赛的优秀球员，职业生涯所到之处基本上都拿出了不错的表现，除了……效力于尤文图斯时。

2007 年，刚杀回意甲的斑马军团想要重整旗鼓大肆招兵买马，在中场核心的位置上挑来挑去选择了蒂亚戈。加盟时，意气风发的他这么介绍自己："我的外号叫洗衣机，因为不管什么球通过我，就能让队友接得舒舒服服。"对于当时中场缺乏创造力的尤文图斯来说，这样的自信又让人们对他的期待高出了很多层。

结果比赛打起来，球迷们却发现这台洗衣机有个问题——不是全自动的。虽说他擅长传球和梳理进攻，也有一定的防守能力，偶尔还能都灵回旋过个人，但他并不能把以上这些事情全都一个人包办，需要有队友的帮衬和分工。可问题是，当年的尤文中场相当混乱，导致蒂亚戈踢着踢着就从洗衣机变成了专干脏活累活的推土机。

位置越踢越后、状态越踢越差，他从主力变成了轮换，从轮换变成了替补。一个赛季过去，失望的尤文图斯把他列入了清洗名单。然而，心气很高的蒂亚戈并不想如此轻松就承认自己的失败。

蒂亚戈："我还能证明自己的实力！"

主教练拉涅利："你留下就只能打替补。"

蒂亚戈："我还有合同在身！"

主席吉利："那你就准备把板凳坐穿吧！"

俱乐部给了蒂亚戈很大的压力，而他也始终没有放弃留在球队的努力。在不可调和的矛盾下，双方的关系迅速降入了冰点。最终，在某次和高层的谈判不欢而散之后，蒂亚戈找准机会先下手为强，把主席吉利锁在了总部三楼的厕所里……

我们虽然不知道这个厕所的门是个什么构造，反正根据吉利后来接受意大利天空体育采访时的表述，他在方便完之后发现自己就这么被监禁了。撞门撞不开，拍门没人应，吼破嗓子喊了一个多小时之后，终于迎来了救兵——德尔·皮耶罗。还是根据吉利自己的讲述，皮耶罗本想在外面用肩膀把门撞开，但他觉得怎么能让球队的头号球星来冒此大险，最后找来了好几个工作人员才强行打开了门。

后来，蒂亚戈表示他是想表达自己不惜任何代价也要留在球队。虽然我们都不能理解这究竟是个什么样的脑回路，但事实上蒂亚戈的行为还真的获得了某种意义上的成功。尤文在那个转会窗并没有卖走他，而是多留了他一年半打打轮换和替补，直到2010年冬窗才把他租借到了马竞。有意思的是，吉利后来因为业务能力不精也被阿涅利家族解职，而且他走人的时间甚至还比蒂亚戈早了几个月。

更神奇的是，树挪死人挪活，到了马竞的蒂亚戈重新找回了状态，后来还成了西蒙尼麾下铁血军团的重要一员。他不仅作为主力帮助马竞拿下西甲冠军打入欧冠决赛，2017年退役后还继续留在球队当上了助理教练。

不知道这位现在的马竞名宿回想当年的逗比事儿，到底是后悔没有早点离开，还是庆幸迟走这才遇上了伯乐西蒙尼呢？

拒交赎金，球星被倒吊悬崖

小偷酷爱足球明星。

原因有二。首先，所有人都知道球星很有钱。报纸上动辄出现百万级年薪的新闻，花边里到处是六七位数的香车豪宅，高档手表和奢侈品应有尽有，有些人更有独特的时尚和收藏品位。2003年7月，时任英格兰主帅埃里克森在伦敦的住所被盗，这座豪宅的每一个房间都完全按照他心爱的19世纪风格装修并添置了很多古董，损失高达400万欧元。两个月之后，罗马球星帕努奇的家中被小偷光顾，丢失物就包括了一幅他不久之前高价拍下的名画和一个古典挂钟。

2006年贝克汉姆效力于皇马时，也曾经在马德里某商业中心被偷走了一辆价值10万英镑的宝马X5。这点钱对小贝来说可能不算什么，但最让他心疼也最讽刺的是这辆车刚刚进行了全面的安全性改造。车窗玻璃和轮胎都换成了防弹专用，发动机需要输入密码

小贝当年丢的车就是这个型号的

才能启动。此外小贝还特地配上了 GPS 卫星防盗追踪系统，只可惜之前蹭驾驶位的朋友忘了开。

贝克汉姆也不是当时那支银河战舰唯一丢车的球星。齐达内、菲戈和卡洛斯都在马德里有过类似经历，共同组成了马德里丢车界的豪华阵容。当然，对于球星来说丢车只是偶发，家里被盗才是常态。

小偷酷爱足球明星的第二个原因就是：谁都知道他们什么时候不在家。

对于窃贼来说，球星在不在家连点都不用踩，直接看比赛前一天的官宣大名单就行。如果这家主人的名字出现在名单之上，那么比赛前后 120％ 本人不会在家，亲友团都去助阵家中无人同样也是大概率事件。

因此，我们在 2019 年 2 月底的短短一周之内先后看到了这么三条新闻。利物浦与拜仁的欧冠比赛期间，马内的家被偷了，丢失了一些手表、手机和汽车钥匙；相同时间里昂主场迎战巴塞罗那，里昂三位球员德佩、图萨尔和迪奥普的家中同时被盗，明摆着就是看准了这个时间点；几天之后巴萨在西甲主场迎战巴拉多利德，刚刚加盟球队的博阿滕赛后刚回到家就发现了特殊的"欢迎"：所有的珠宝和现金都被洗劫一空，损失大概在 30 万—40 万欧元之间。

你看，在"为球队冲锋陷阵时自家后院起火"这条道路上，马内一点都不孤单。而且不光是有德佩等人同行，甚至还有很多利物浦前辈的陪伴。2006 年 4 月，利物浦足总杯半决赛踢着切尔西，雷纳家中被盗。6 月，杜德克前脚踏上回波兰度假的旅程，后脚家里被偷走了所有首饰和奖牌，其中就包括了伊斯坦布尔之夜"跳"来的那一块。

同年 9 月，阿格和克劳奇的家分别在联赛和国家队比赛日被盗。第二年的 11 月，库伊特的家又在他代表荷兰参加国际比赛的时候被撬了锁。短短一年半的时间，五名球员在更衣室都有了家中被小偷光顾的共同话题。苦不苦，想想红军利物浦。

不过，当球星遇到窃贼，如果时运不济还会有更苦的。2018 年 9 月，狼队中卫本内特就遇到了这么一个令人哭笑不得的案件。

本内特发的被盗照片

在当时的国家队比赛日里，没有得到英格兰征召的他本想在家好好休个短假。结果头天醒来出门一看，发现自己价值6万英镑的宝马车——少了四个轮子。

愤怒的本内特在社交媒体上连续发了多条消息，怒斥偷轮胎的贼是"人渣"，希望球迷能帮他一起寻找盗卖轮胎的团伙。当地警方调查现场之后判断，这个小偷应该是先打了入室行窃的主意，发现屋内有人后转而想偷走户外的宝马，结果开锁失败最终恼羞成怒下掉了轮胎。这事虽然又好气又好笑，但其实本内特只丢了四个轮胎已经算是不幸中的大幸。如果直接和窃贼正面接触，结果可能会不堪设想。

2010 年年初，英国媒体上出现的一篇报道在球迷间引发了集体讨论。报道的内容如下：2009 年有名英超球星家中被盗，不久之后胆大包天的窃贼和失主取得了联系，声称想要回被偷的各种比赛纪念品要支付 2 万英镑的赎金。该球星答应支付这笔钱，并向警方进行了销案处理。

这还不是关键。关键是后来这名球星后悔了……悔了……到了说好的交钱时间，他拒绝出面更拒绝支付这笔钱。被彻底激怒的窃贼团伙在一个月黑风高的午夜冲进了他家，把他蒙上双眼丢进汽车绑到海边，并且倒吊双腿挂在一个悬崖上，威胁他"再不给钱就准备亲身喂鱼"。

正常人谁见过这种架势？被吓坏了的球星不断求饶，答应了所有的赎金要求，这才被歹徒放了下来。此后，他定期向该团伙支付一定数额的款项，直到半年多以后警方在某次扫黑行动里打掉了这伙人的老窝。

刺不刺激？吓不吓人？英媒的报道里绘声绘色地描绘出了这次事件的所有细节，声称这事其实俱乐部和部分队友都有所耳闻，但生怕被报复的该球星拒绝了所有试探性的帮助。出于法律规定媒体没有曝光这名球星的名字，但英格兰许许多多的键盘夏洛克开始顺藤摸瓜。根据"家在英格兰北部"、"周薪数万英镑"、"豪宅 300 万英镑"、"去年家中遭窃"等关键词，英国球迷最终把目标锁定在了两个人身上：利物浦后腰卢卡斯、埃弗顿中卫贾吉尔卡。

此时英国小报又非常"适宜"地补上一刀：哦对了，这名球星出道时曾经打过和现在完全不同的位置。而众所周知，贾吉尔卡在谢菲联出道时经常客串门将，2006 年英超接过肯尼的手套高接抵挡零封阿森纳就是其代表作。

我什么都不知道，我什么都没说。

你到底有几个奶奶去世了？

有些英语系国家球员的姓氏很有意思，经常被我们拿来玩梗。比如南门大帅索斯盖特（Southgate），又比如青木球王格林伍德（Greenwood），还有让我印象最深的爱尔兰人爱尔兰（Ireland）……没错，这位曼城青训营自家培养的杰出代表、前曼苏尔时代的中场核心斯蒂芬·爱尔兰，其姓氏和自己出生的祖国名字一个字母都不差——Ireland。

这些年我一直希望再出个挪威人挪威、加纳人加纳或者墨西哥人墨西哥来配对，可惜始终未能如愿。

不过，这丝毫不能减弱爱尔兰身上的喜剧色彩，因为他一个人就创造出了世界足坛一段神奇的故事。而且完全没有利用同名梗，百分之一百都是靠自己的"真实实力"。

让我们把时间追溯到 2007 年。当时的球员爱尔兰是什么状态呢？两年前，18岁的他被提拔进了曼城一线队，很快就凭借甩开英格兰糙哥一大截的脚法从轮换打成了主力。一年前，19岁的他上演了爱尔兰国家队首秀，前6场就进了4个球，五行缺技术的三狮军团垂涎三尺，各路媒体天天在为他不是英格兰人扼腕叹息。

然而谁也没想到，他的国家队生涯居然在21岁就戛然而止了。

2007年9月，爱尔兰国家队正在备战关键的两场欧洲杯预选赛。就在第二场面对捷克的比赛即将开打前，球员爱尔兰接到了一个来自家乡女友杰西卡的电话，挂断后立刻找到了主教练斯汤顿。爱尔兰眼中带泪："杰西卡跟我说，我的外婆（grandmother）去世了。教练，我从5岁开始就是外婆把我抚养长大的，我真的很难受。"

斯汤顿一把抱住了爱尔兰："傻孩子，没有什么比亲人更重要，我们都永远在你身边。接下来的比赛你别踢了，赶紧回去吧。对了，要不要我们帮你联系一下航班？"于是，爱尔兰足协紧急包了一架私人飞机，把这位国家队的天才新星服务周到地送回了国。

回国之后，爱尔兰还给曼城俱乐部的主教练埃里克森用同样的理由打了个电话，希望能请假一周，因为他"实在是太悲痛了，而且不得不帮忙安排葬礼"。与此同时，爱足协还在各大报纸发表了官方声明，哀悼他的外婆Patricia Tallon。

唯一的问题是，这位外婆还活着，很健康，而且亲自在报纸上读到了这份哀悼。她立刻打电话给报社问他们是不是搞错了，报社随即打电话给爱尔兰和足协确认情况。爱尔兰不急不慌地回答道：

"是足协搞错了，去世的不是我的外婆，而是我的奶奶。"在英语系国家，外婆和奶奶都可以直接用 grandmother 来称呼，看起来只是误会一场。

于是，爱足协发表了致歉和更正声明，改为哀悼他的奶奶 Brenda Kitchener。然而问题又来了，这位奶奶也活着，也很健康。她的家人看到这个莫名其妙的更正新闻怒火中烧，打电话到报社扬言要把他们告上法庭。

满头雾水的报社和足协再次找到爱尔兰，又听到了一个新的说法："啊不好意思是我没说清楚，其实我的爷爷和奶奶离婚了，是他的第二任妻子去世了。你看，她也是我的 grandmother 对吧？"

然而这次报社学聪明了，他们想起斯汤顿提到"爱尔兰说这位 grandmother 从他5岁开始把他抚养长大"，觉得事情可能有点不对。于是在发表第三次哀悼声明之前，先去找到了爱尔兰爷爷组建的新家庭，发现这位继祖母也活得好好的。

报社怒了，足协怒了，斯汤顿怒了，三位 grandmother 怒了，整个爱尔兰都对爱尔兰愤怒了！

迫于巨大的压力，爱尔兰在曼彻斯特开了一场发布会，读了整整两页的悔过书。内容大意是："一开始是我的女朋友告诉足协，我的外婆去世了。实际上这是因为她流产了，心烦意乱很想要我陪。她认为如果我说是亲人去世了，球队应该会更快同意我回家。结果被发现了，我只好不断改变我的故事。"

唉，编一个谎言，去圆一个谎言，这种游戏是多么的危险。

国家队主教练斯汤顿表示："他完全没有必要做这些事情，因为如果他告诉我们女朋友流产了，我们也肯定会批假让他回家的。"曼城主教练埃里克森表示："我一般不批评球员，但这次实在忍不住了。不管你有什么问题都必须诚实，不要说谎，那是愚蠢的。而这次，是我这辈子见过最愚蠢的事。"

这串谎言究竟是爱尔兰还是他的女朋友杰西卡开的头，真真假假只有他们自己清楚。我们只知道，这件事之后爱尔兰从茂盛到光亮、直到退役也没为爱尔兰再踢过球（虽然好几任教练都松过口），国家队出场纪录永远停留在了看上去很美的 6 场 4 球，21 岁。

说起来，其实还有很多球员说谎请假的故事。

再也没有机会穿上爱尔兰球衣的爱尔兰

2004 年，当时还效力于瓦伦西亚的西索科向主教练拉涅利多请了几天假，说自己在为马里国家队踢完世预赛之后，还要参加一场对肯尼亚的友谊赛。回到俱乐部之后他还绘声绘色地描绘了比赛过程："我踢了 48 分钟，一开始踢的后腰然后客串了右前卫，最后我们 1：0 赢了。教练，我觉得我状态还不错。"拉涅利面无表情地告诉他："哦，不过俱乐部问过你们的领队，他说根本就没有这场比赛。"

2006 年，在苏格兰连续两场欧预赛的间隔，国脚加里·奥康纳没赶上前往乌克兰踢第二场比赛的飞机。他给主教练提出的理由是："我在俄超踢球，但是我的妻子实在是受不了莫斯科的生活，她跟我说自己已经抑郁到抓狂了。对不起，我必须去救救她。"第二天，完全不知情的奥康纳经纪人和国家队领队打了个电话："嘿，前天咱们能 1：0 击败法国实在是太牛了，晚上我和奥康纳在酒吧闹个了通宵，他现在还好吧？"

2007 年，西汉姆联后卫安东·费迪南德（曼联名宿里奥的弟弟）告诉俱乐部，自己要请两天假去怀特岛探望生病的奶奶。西汉姆不光批了假，还主动给他加了一天。结果第三天，大家在美国媒体上看到了费迪南德参加南卡州一家夜总会狂欢派对的照片，劲歌热舞比基尼。两地之间，隔着一整个大西洋啊亲！

球员也是人，说谎逃班自然会有很多。但像爱尔兰这样连环拿自己亲人生命撒谎，最终亲手关上国家队大门，甚至某种程度上或许影响到了自己职业生涯的……也真的是没谁了。

那些被足球耽误的牌桌高手

　　我一直觉得，拜仁的引援说不定是按照牌桌空缺来的。曾经，拉姆、施魏因施泰格、穆勒和诺伊尔组成了"羊头牌四天王"（Schafkopf，一种巴伐利亚纸牌游戏）。2015 年小猪转会曼联，拜仁就在一年后引进胡梅尔斯补了缺。这四人从机场打到大巴，从宾馆打到更衣室，还闹出过"电信杯后沉迷打牌让球迷苦等两小时"的新闻。

　　等到 2017 年拉姆退役，空缺很快就由新任体育主管萨利哈米季奇顶上了。而这位萨利哈米季奇来头可就大了，他不仅是代表球队拿过欧冠的名宿，更是老一辈拜仁打牌组（FCB-Kartenrunde）的创始成员之一。没想到吧？这组织居然还有个正式名称，而且第一代四天王各个都是狠角色：除了萨利哈米季奇之外，还有另一位名宿杰里梅斯、为球队效力超过 30 年的理疗师宾德，以及俱乐部传奇大佬赫内斯。

现在知道为什么拜仁的打牌新闻这么多，却好像完全没人管了吗？因为头可断血可流，打牌的传统万万不能丢啊！于是，我们看到了以穆勒和诺伊尔为首的新四天王不断发展下线。博阿滕、莱万、道格拉斯·科斯塔等人都被他们抓过壮丁，而在2018年格雷茨卡加盟球队之后，穆勒第一时间就作为球员代表发出了欢迎词："坐上牌桌，你就能融入球队！"

还有，俱乐部每年都在官方商店里不断推出各种棋牌商品，甚至让球员们亲自上阵录过宣传视频。从羊头牌到扑克，从跳棋到大富翁，那叫一个应有尽有。你说说看，普天之下还有哪家俱乐部会执着于这样的周边？

这还没完，作为"拜仁打牌组"的首席代表和发言人，穆勒还拉着老前辈、时任俱乐部形象大使的布莱特纳，一起参加了慕尼黑一年一度的羊头牌锦标赛。你猜穆勒同学的成绩怎么样？身经百战的他，在116位参赛选手里勇夺——第43名。

咳咳，正所谓术业有专攻，看来拜仁这群牌桌大佬还是更适合好好踢球。不过也有一些球员可以球牌两开花，比如巴西天王内马尔。我们都知道内马尔是一位不折不扣的"网瘾少年"，但实际上他还是一位同样优秀的"牌瘾少年"。他曾经说过"除了足球最大的爱好就是打牌"，经常在休假时去YouTube找职业扑克牌选手的视频来学习，甚至把自己家的狗狗命名为"Poker"，然后精心布置了一个带有扑克和骰子图样的小窝。

如此勤奋好学的内马尔也在职业比赛里打出了远胜于穆勒的战绩。2018年7月，他在圣保罗一项有288名选手参加的扑克比赛中取得了第6名的好成绩，拿到了近2万欧元的奖金。仅仅一个月之后，他又回到曾经效力过的巴塞罗那，和前队友皮克一起参加了德州扑克欧洲巡回赛，还充满自豪地在社交媒体上晒出了从皮克手里赢下一大堆筹码的视频。

内马尔有足够的理由骄傲，因为皮克也不是一般的扑克爱好者。这位巴萨中卫曾经多次参加过这项扑克赛季，最好的成绩是2011年拿到过季军，最高的奖金则是2017年赢到过13万欧元。看到没，无论打牌还是打游戏，想要提高都要尽量找高手切磋，长期和臭篓子混在一起只会拉低自己的水平。

或许是看到了内马尔在牌桌上的天赋，著名扑克网站"扑克之星"也签下他成为全球代言人之一。从此以后，只要是休赛或者养伤期，球迷们总能看到内马尔在网站上活跃的身影。美其名曰："一切为了工作。"

即使如此，内马尔还不是球星里最擅长打牌的存在。下面，有请天赋很可能完全点错了地方的德国前锋克鲁泽出场。为什么说天赋点错了呢？因为他2014年夏天来到拉斯维加斯度假，正巧碰上了这里正在举行世界扑克大赛。原本对规则一窍不通的克鲁泽突然有了种命中注定的预感，让同行的朋友教了自己半个多小时，然后就勇敢地交钱参加了这项有很多职业牌手参加的大赛。结果，勇夺季军。

那个，我好像看见了赌神……

从此以后，克鲁泽的牌瘾越来越大，每年必去拉斯维加斯继续参赛，成绩还基本都能稳定在前 10 位。不仅如此，他在德国也抓紧一切机会参加各种扑克大赛，有时甚至不惜影响自己踢球的主业。2015 年 10 月的一场德甲联赛里，克鲁泽上演帽子戏法帮助沃尔夫斯堡 4∶2 击败了霍芬海姆。比赛结束之后，他马不停蹄坐了两小时火车跑去 220 公里外的柏林，参加了当晚的一场扑克锦标赛，又赢下了 7.5 万欧元的奖金。

双喜临门、志得意满的他这次大手一挥，直接打车回家。然后，把钱落在了出租车里……几天之后这事被神通广大的媒体抖了出来，勃然大怒的狼堡给不在赛后好好休息的克鲁泽开出了一张 2.5 万欧元的罚单。乐极生悲的他，就这么里外里损失了 10 万欧元。半年之后，因为打牌、夜店庆生、性爱视频等一系列场外新闻，克鲁泽被忍无可忍的勒夫开除出了德国国家队，至今也没能回归。

然而，他还不是职业生涯因为打牌受到影响最大的球星。比他更痴迷的，还有前西班牙国脚列拉。2014 年 11 月底，这位曾经效力过马洛卡、西班牙人、利物浦、加拉塔萨雷等队的老将突然被乌迪内斯解雇了。

没过多久，媒体曝光了其中的内幕。列拉在未通知俱乐部的情况下，突然离队去参加了斯洛文尼亚的一项扑克锦标赛。虽然他最终拿下亚军并赢得了 3550 欧元的奖金，但这样的行动让他付出了惨痛的代价：球队与其解约，而且一毛钱解约金都没付。有意思的是，列拉在半年之后加盟了斯洛文尼亚的扎瓦克俱乐部。而这里，正是他当时参加扑克锦标赛的地方。

前面提到的那些牌桌大佬，请引以为戒。

库尔扎瓦的"被逆转"宿命

这篇奇葩故事的主题叫"打脸"。我们都知道足球世界里有许许多多的打脸故事，比如几年前喊着口号嘲讽同城死敌，几年后自己就变成了对面的一员；又比如上个月还信誓旦旦要和旧爱相守一生，下个月就眉开眼笑转投新欢的怀抱；至于什么"我从小就梦想着加盟××"、"我们全家都是××球迷"、"为了来到××我愿意付出一切"的官话套路轮流转……

足球圈瞬息万变，莫把言语太当真。

不过，转会市场风云变幻再快，肯定也不如比赛形势变得快。球场上领先者过于嚣张，最终被逆转惨遭打脸的故事那就更多了。但要说起从竖起 flag 到报应的速度之快、被打脸的痛感之猛烈，法国后卫库尔扎瓦估计在现役球员中可以算是当仁不让的王中王。

2014 年 10 月，法国和瑞典在 U21 欧青赛的附加赛相遇了，两支球队的胜者将获得参加第二年正赛的机会。首回合，法国凭借托万和孔多比亚的进球主场 2∶0 完胜。次回合，瑞典连进三球暂时完成了总比分的反超。

比赛的最后阶段高潮迭起。第 87 分钟，法国队后卫库尔扎瓦打入了一粒宝贵的进球，将场上的比分扳成了 1∶3。按照这样的比分，他们将以客场进球的优势淘汰对手。对自己的"绝杀"感到无比兴奋的库尔扎瓦在庆祝时冲向了瑞典的球员们，并作出了一个把手抬到头顶的"再见"手势。在 0∶3 落后的绝境下打入如此扬眉吐气的一球，你可以想象库尔扎瓦做这个动作时究竟有多么的痛快和自豪。而且不只是他一个人，当时担任法国队长的乌姆蒂蒂也

库尔扎瓦对圭德蒂做出的"再见"手势

跟着他做出了同样的动作，直到被因布拉等其他队友推走。

　　关键这事还没完。就在库尔扎瓦跑回自己左后卫防区等待开球的过程中，他又对路过的瑞典前锋圭德蒂再做了一次"再见"手势。这就类似于经典的"打完仗就回老家结婚"加上"我一定会活着回来"，真是神仙也难救。

　　一分钟之后，瑞典中场莱维茨基进球，这是真真正正的绝杀。你猜圭德蒂会干什么？他当然不会放过这个千载难逢的史诗级打脸机会啊！几乎是在队友进球的同时，圭德蒂冲向库尔扎瓦回敬了一个相同的动作。

　　疯狂打脸库尔扎瓦的远不止圭德蒂一个人，瑞典全队都在赛后

圭德蒂做出的回敬动作

谢场时加入了他的行列，带着"再见"手势转遍了整座球场。"打脸门"很快就登上了法瑞两国媒体的头条，瑞典国内的年轻人在接下来的几天里都在用这个手势打招呼，甚至库尔扎瓦的同胞都会在法国遇见他时做出同样的动作。至于社交媒体上铺天盖地的段子，那就更是没眼瞧了。

库尔扎瓦为此自己在家关了一个星期，坚决不刷任何体育新闻和社交媒体。一周之后他回到当时效力的摩纳哥参加球迷见面会活动，就连主队球迷也略带调侃意味地对他做出了"再见"手势。而那时的库尔扎瓦嘴上说着"我不会介意，这事已经过去了"，但笑容背后的苦涩嘛……你们都懂的。

这事真的过去了吗？还早得很呢！

第二年的 U21 欧青赛正赛里，瑞典小伙子们只要打进一个球，总会有人做出库尔扎瓦的"再见"手势。每赢下一场比赛，更衣室就会多出一张集体摆好"再见"手势的合影。最牛的是，在库尔扎瓦手势的 buff 效果下，瑞典这支青年队居然在小组赛力压意大利和英格兰出线，再连续战胜丹麦和葡萄牙，最终站上了那一年 U21 欧青赛的冠军领奖台。然后，你肯定能猜到他们在颁奖仪式上是一个怎样的画风了。

瑞典夺冠之后，有一家好事的法国电视台特地对库尔扎瓦进行了专访。而库尔扎瓦的回答其实已经相当成熟了："恭喜瑞典队。他们有资格这么做，因为他们赢了比赛。不过这事我会记一辈子，除了挡太阳之外永远都不会再做这个手势了。"

他也说到做到了。从摩纳哥走到巴黎圣日耳曼，库尔扎瓦虽然有过不少的场外风波，但很少再出现主动嘲讽对手的新闻。不过到了 2017 年，库尔扎瓦却再次成为"被打脸"的主角之一，而且还是被队友拖下的坑。2016—2017 赛季欧冠 1/8 决赛首回合，大巴黎主场 4∶0 完胜巴萨。在这个看似板上钉钉的胜果面前，拉比奥在社交媒体上伸出四根手指发图庆祝，而背景里摆出剪刀手的队友正是库尔扎瓦。

按理说这个动作只是正常的庆祝并不过火，至少比起照片的主角拉比奥要好多了。可问题是他是有过"前科"的库尔扎瓦，更惨的是第二回合巴萨在诺坎普上演了 6∶1 的奇迹大翻盘，最惨的是库尔扎瓦在那场比赛里还打入了一个乌龙球……

赛后，内马尔发了一张拉比奥此前自拍照的 P 图，加上了"4+2=6"的文字和五个笑到流泪的表情。虽然他很快又把这张 P 图给删了，但吃瓜群众显然不会放过嘲讽大巴黎球员的机会。于是，库尔扎瓦当年的"打脸门"又冲上了一回全世界足球圈的热榜。

但这也不是结束，库尔扎瓦"被逆转"的宿命还在继续，甚至躲在板凳席也逃不掉。2018—2019 赛季的欧冠 1/8 决赛，大巴黎首回合客场 2∶0 击败了曼联。第一回合客队 2∶0 取胜的比分，之前在欧冠淘汰赛里出现了 106 次。而在这 106 次里，主队最终成功翻盘的次数为——0。

第二回合之前，又有好事的媒体特地找到首回合压根就没上场的库尔扎瓦进行了采访，而法国人这次更加滴水不漏："如果最终能淘汰曼联，那说明球队已经上了一个新的台阶。我们需要在次回合更好地控制球权。感谢球迷首回合在老特拉福德制造了更强的声势，这让我们受益良多。"是不是一点都没有掉坑里？

然而，就算库尔扎瓦小心翼翼躲开所有立 flag 的陷阱，他还是坐在替补席上眼睁睁看着大巴黎 1 : 3 输给了曼联。欧冠史上第 107 次首回合主场出现 0 : 2 的比分，第一次真的完成了逆转。

之后几天，库尔扎瓦婉言谢绝了一切采访要求。真的让人心疼。

世界冠军的玄学内核

不少球迷可能都知道，自己的偶像在踢球时有点小迷信，或者说是小怪癖。在科学已经越来越发达的今天，咱们其实都明白这些小迷信并不可能直接决定比赛的胜负，更多的只是心理安慰。但谁也说不清楚这些行为究竟会不会影响球员的发挥，进而对比赛结果产生一定的间接作用。

总之一句话：玄，妙不可言。

比如，大名鼎鼎的克鲁伊夫在阿贾克斯踢球时，就有一整套的赛前行为规范。首先，他要在出场时间前 15 分钟准时穿好球衣，前 3 分钟准时接受一次短暂的按摩。然后，他要等所有人都走出更衣室后，自己再独坐半分钟。最后，他要嚼着一片口香糖走入球场，走到本队门将巴尔斯面前给他肚子来一拳，再把口香糖吐到对方的半场。

这样的习惯持续了好几年，直到 1969 年的欧冠决赛。那天，克圣顺着流程打了巴尔斯一拳后猛然发现，自己忘了嚼口香糖……那场比赛的结果是 AC 米兰 4：1 击败了阿贾克斯。唉，心疼全世界最善良的队友巴尔斯。

又比如，"天下第一梅吹"莱因克尔在踢球时也是视进球为探囊取物的顶级射手。而他在赛前热身时，也有一个绝对不会打破的铁则，那就是——什么都可以练，就不练射门。职业生涯末期终于有记者发现了这一规律并向他求证，莱因克尔给出的答案是：我怕热身败光了我的进球运。

这样的例子还有很多。劳尔、C 罗、迪马利亚、佩佩、伊瓜因、马塞洛等人在入场时都会注意不要踩到边线，其中有人必须用右脚踏入球场，有人必须用左脚，C 罗更是要入场后先跳上一跳。

还有，前德国队长拉姆曾经向媒体爆料，队友戈麦斯在比赛当天无论走入哪一个厕所，都一定只会使用最左侧的小便池。一个惯用右脚的中锋为什么会有这样的习惯我们不得而知，拉姆为什么会如此清楚那就更不得而知了。

前切尔西队长特里也有类似的小迷信。无论是在斯坦福桥还是温布利，他都有自己看对眼的坑位。如果那个位置有人先占了，那么特里也不会选择其他空位，而是站在门前静静地等着坐自己宝座的人出来。压力山大有没有！时间更长了有没有！

不过，要是说起足球圈里哪家玄学最成功，答案其实应该是——法国国家队。先说 1998 年的那届世界杯，雅凯的球队在本土夺冠，为法国拿下了第一座大力神杯。而在法国电视台随后推出的一系列纪录片里，为大家揭示了当时队内的各种"铁律"。

第一，大巴车不能随便坐，替补席也不能随便坐，所有球员都必须严格按照雅凯的安排对号入座。球迷们原来以为这是出于人际关系和按资排辈的原因，但事实上这都是雅凯精心"算"出来的。

第二，雅凯亲自为法国队挑选了出场时的开赛曲《I Will Survive》。这首由美国歌手葛罗莉亚·盖罗演唱的歌曲讲述了一个女孩遭受分手打击后重新振作的故事，在20世纪七八十年代成为风靡全球的迪斯科金曲。每场比赛前，雅凯还会在更衣室让所有球员一起听一遍，但除此之外禁止任何人在大赛期间私下听这首歌。顺带一提，根据Spotify的数据，在2018年世界杯法国队再度夺冠后，这首歌在法国地区的播放量上升了20倍。

第三，那就是球迷们津津乐道的"亲吻光头"了。在那届杯赛里，布兰科会在每场比赛开赛前走到巴特兹身前，然后抱着这位门将的光头结结实实亲上一口。虽说巴特兹一开始是拒绝的，但伴随着接踵而来的胜利也逐渐从勉强接受变成了喜笑颜开。这个仪式就这么保留到了最后，直到他们一起捧起了金杯。

这可能是世界杯历史上最著名的光头，也可能是最著名的小迷信。直到20年以后，已经"玄袍加身"的齐达内在俄罗斯世界杯开赛前接受了某著名网络主播的采访，其间有过这样的对话。

主播：你觉得1998年世界杯的那支法国队夺冠阵容里，最重要的球员是谁？

1998 年世界杯著名的"赛前一吻"

齐达内：巴特兹。

主播：我还以为你会说自己……那么换个问题吧，如果可以把那支法国队的其中一员换进现在的法国队，你会选谁？

齐达内：巴特兹。

幸运的是，20 年后的法国队没有了巴特兹的光头，但还有拉米的大胡子。拉米的"幸运胡子"起源于 2018 年世界杯的淘汰赛。1/8 决赛前，姆巴佩摸了摸拉米的胡子，接着用进球把梅西送回了家。1/4 决赛前，格列兹曼摸了摸拉米的胡子，结果又用进球送别了苏亚雷斯。半决赛，还是格列兹曼摸了摸拉米的胡子，虽然这次没进球但还是淘汰了比利时。到了决赛，动手的又换回了姆巴佩，结果 4：2 大胜克罗地亚，姆巴佩和格子双双进球，法国队第二次捧起了大力神杯。

作为法国队唯一一名没有出过场的非门将球员，拉米就这么成了"最大的夺冠功臣"。大赛结束之后，这名老将宣布退出法国国家队，还戏称"现在有很多人已经预约要来摸我的胡子，以后我打算以此为生"。哦对了，这是他参加的第一届世界杯，也是最后一届。打了 0 分 0 秒，收获冠军金牌一块。

当然，光是拉米的胡子，怎么对得起法国队"玄学宗师"的名号呢？其实除了球员之外，法国队的教练组还有自己的迷信，那就是每场比赛之前一定要先跑去球场的中圈，用足球摆出一个大写的"F"。F 是 France 的开头字母，印在球衣上的法国足协缩写更是 FFF，对此我只能表示……大写的服。

不过，1998 年和 2018 年的这些"小迷信"都变成了"大幸运"，但夹在中间的多梅内克就没有那么走运了。这位前法国主帅几乎把迷信发挥到了极致，甚至彻底越过了界。比如——凭星座来选人。

多梅内克是水瓶座，按照星相学解释对立星座是狮子座。他曾经公开表示："当我的后卫线出现一个狮子座时，我必须时刻准备好步枪！我知道他总有一天会给我带来麻烦。"不仅如此，星相学里还说了天蝎座最容易对水瓶座造成影响。因此他又公开表示："天蝎比较好斗，队里有一个天蝎是好事，但两个天蝎就会自相残杀！"

因此，在多梅内克执教法国队期间，这两个星座除了亨利这样的大佬之外，几乎没有其他受到过重用的球员。而法国队战绩起伏不定内讧频出，他的星相学选人大法也受到了如潮的抨击。

2008年欧洲杯法国队小组赛垫底出局，赛后多梅内克鼓起勇气向女友德尼斯公开求婚。而这位在法国电视台担任主持人的美女在节目里给出了这样的回应："雷蒙，星相学真的不是一个准确的科学，请不要再因为什么星座来决定球员是否出场了，也不要再用这套来管理球队了，好吗？"

看到没，玄学虽然好玩，切莫全部当真。

那些球星合同里的奇葩条款

  长期以来，无产阶级与资本家在合同、权利和义务等方面可谓斗智斗勇。比较弱势的普通劳动者可能没多少选择空间，但大牌球星就完全不一样了。

  举个例子，博格坎普有一个著名的习惯：坚决不坐飞机。他也把这条写进了与阿森纳的合同里：无论国内客场比赛还是飞过海峡去打欧战，不管时间多么紧张，阿森纳在任何情况下都无权要求他坐飞机。于是，他总要比队友提前出发，开车或者坐车奔赴客场，实在太远的那就干脆不去了。

  冰王子这个属于心理层面的原则问题，某种程度上来说情有可原，但有些合同里的权利可能就比较奇葩了。

  据一些媒体爆料，内马尔加盟巴萨时在合同里有个"party 条款"，每两个月可以要求一群朋友来旅游，所有开销由巴萨买单。

博格坎普在阿森纳取得了巨大的成功

这玩意是真是假很难说，但确实很符合内马尔的人设。

还有更符合人设也被各国多家媒体确认的，那就是罗纳尔迪尼奥回归巴西时，弗拉门戈同意他在合同里加入了"夜店条款"：每周允许小罗去两次夜店，俱乐部不得横加干涉。好吧，只能说这个真的非常"罗纳尔迪尼奥"。

除了这两代巴西天王，欧洲也有球员拥有享受型人格，不过风格完全不同。丹麦后卫阿格尔离开利物浦回归布隆德比之后，合同里规定：每一次主场比赛，俱乐部都要在看台上展示他的巨幅海报，无论他本人是不是出场。

等等，这好像应该叫自恋型人格？

还有更多和钱相关的神奇条款。比如洛里和热刺签下的第一份合同里白纸黑字写明，每场比赛出场费7000英镑，赢球奖金8000英镑，平局或者输球也能额外奖励3500英镑。不是，你就不能直接写个出场费10500英镑，赢球另外奖励4500英镑吗？都说外国人数学不好，现在我信了。

也有数学好的，比如马竞在把阿圭罗卖到曼城的转会合同里写明，他每为曼城出场25次，马竞拿到25万欧元；每进15个球，马竞再拿25万欧元；每拿一次英超冠军，马竞还能拿到100万欧元，没有时限，上不封顶。所以，阿圭罗为曼城效力的整整十年间，马竞仍然时不时能收到各种汇款，也得亏石油爸爸真不差钱。

最逗的来自德国前锋朱塞佩·雷纳。他在2002年加盟了比勒菲尔德，合同里规定俱乐部每年要为他建一栋房子。没错，不是买，是亲自出钱建。

没想到的是，比勒菲尔德欣然答应的同时已经在文字上做足了功夫，他们每个赛季结束都会给雷纳老兄准备一套乐高房子，由俱乐部工作人员亲手搭建然后送到雷纳手上。乐高房也是房，就问你服不服！

聊完权利，咱们再来谈谈义务和禁止事项。

根据足球解密的爆料，菲尔米诺加盟利物浦的第一份合同里写明了有8000万英镑的违约金，但这个违约金只对一家俱乐部无效，那就是阿森纳。这多半是因为阿森纳此前对着苏亚雷斯搞了那次著名的"4000万+1欧元报价",让利物浦上上下下感觉到了不爽。唉，此恨绵绵无绝期啊。

类似的事情也发生在了西甲。2015年，范德法特加盟了皇家贝蒂斯。而他们的同城死敌是塞维利亚，两支球队之间多年恩怨还有足球流氓斗殴，因此被称为"西班牙最凶德比"。于是，荷兰球星的合同里规定他比赛里可以穿任何款式的球鞋，但不能有一丁点红色，因为这是塞维利亚的代表色。作为补偿，贝蒂斯额外给了他11万欧元。

与之类似的，纳斯塔西奇同一年从曼城转会德甲沙尔克04之后，合同里规定他除非有医学证明，否则只能在比赛里穿阿迪球鞋，因为这是俱乐部的官方赞助商。然而谁也没想到纳斯塔西奇真的从医院搞来了医学证明，说阿迪市面上所有的鞋都不能让自己发挥100%的脚部力量，然后穿了一整年的耐克。

著名的"巨婴"球员巴洛特利，合同里的限定条款肯定更多。效力AC米兰时期，合同规定俱乐部可以拥有他所有社交媒体的账号密码，随时可以删掉他发表的任何言论。效力利物浦时期，合同规定只要他不被连续停赛3场以上、没向对手吐痰、没在公开场合做出侮辱性手势和言语……总之不搞各种各样的幺蛾子，每年给你100万英镑的"三好学生奖学金"。

禁止惹事很正常，球员的合同里经常还有禁止各种危险活动的条款，比如滑雪蹦极高空跳伞什么的。这不稀奇，但你听说过"禁止离开地球"吗？

1999 年，桑德兰签下了瑞典球员施瓦茨，这位老兄是一个不折不扣的航天迷。当时，维珍集团搞了个"银河计划"，预计于2003 年实现载人航空飞行。施瓦茨迫不及待地参加了这次公开宣传活动，并且第一批订下了"太空机票"。这可吓坏了桑德兰，于是他们在球员合同里加入了这么一个条款：效力球队期间，禁止施瓦茨离开地球表面。

然而，别说施瓦茨退役了，直到今天维珍或者其他别的什么公司也还没搞出完全民用的载人航天客运服务。不知道等到未来真能实现的那天，施瓦茨会不会眼泪汪汪地表示：比起踢球，这才是我儿时真正的梦想！

后　记

首先，感谢你能读完我的这本小书。

其次，更加感谢你能看一下这篇有点碎碎念的小作文。

写这本书的过程，远比我想象的艰苦。写比赛分析，更多靠的是自己理解；写人物和事件，也有比较完整的采访可以参考；但是写这种奇葩小故事，最初的源头大多只是一些零零碎碎的新闻报道，还经常语焉不详。

所以我不得不花大量时间去考证：这事究竟是不是真的？哪些部分是真的，哪些是个别媒体夸张放大的？好多年过去了，事情又有没有新的后续影响，甚至是反转？相比于网络和资讯高度发达的现在，过去的这些资料真的是太难找了。

于是我有过一些选题，找了好几天资料然后放弃了，因为根本就无法判断真伪。

接着又有些写到一半，完全删掉从头再来——因为找到了新的更有说服力的报道。

还有已经写完的几篇，不得不进行大篇幅的修改，因为当事人突然站出来做了解释，揭开了很多年媒体上吵来吵去的真相。

总之，每一个看上去哪怕只有一两千字的小故事，花费的时间精力可能比我以往四五千字的深度科普还要多。

等到我好不容易全部写完，整理好，准备出版的时候——疫情突如其来地袭来了。

疫情完全改变了这个世界的运行规律，波及的范围几乎牵扯到了每一行每一业。足球停摆，我们这种写球人突然就没了原本稳定的素材来源；实体经济遭受重创，让原本就不富裕的书店和出版业雪上加霜。

我眼看着所在城市里，那些熟悉的、曾经从小逛到大的、不得不开始转型卖学习资料的书店，还是一个接一个倒下了。我自己从每个月都要逛两次书店，变成了三年都没走进过一次。

当然，没去逛书店对于我个人来说还有另一个原因。当家庭人口从 2 变成 3 之后，家务和杂务简直呈几何倍数开始不断增长。最夸张时，我曾经连续半年多没有过一个整觉，每天睡眠时长平均不到六小时，这还是必须分成两到三段的情况之下。

几度觉得，人间不值得。

熬过很长一段痛并快乐着的日子，我才终于缓过来，和同样缓过来的业内朋友们一起，把这本书的出版重新提上了日程。然而看起来短短的两年，对于足球世界来说简直就是沧海桑田。再一次